从零开始做餐饮

经营篇

宋宣 著

中信出版集团 | 北京

图书在版编目（CIP）数据

从零开始做餐饮. 经营篇 / 宋宣著 .-- 北京：中信出版社，2020.1（2025.5重印）
ISBN 978-7-5217-1280-3

I. ①从… II. ①宋… III. ①饮食业—经营管理
IV. ① F719.3

中国版本图书馆 CIP 数据核字（2019）第 265022 号

从零开始做餐饮·经营篇

著　　者：宋宣
出版发行：中信出版集团股份有限公司
（北京市朝阳区东三环北路 27 号嘉铭中心　邮编　100020）
承 印 者：北京盛通印刷股份有限公司

开　　本：787mm × 1092mm　1/16　　印　　张：17.75　　字　　数：252 千字
版　　次：2020 年 1 月第 1 版　　印　　次：2025 年 5 月第 8 次印刷
书　　号：ISBN 978–7–5217–1280–3
定　　价：68.00 元

名人推荐

江南春 分众传媒创始人

餐饮江湖风生水起，越来越多的餐饮项目受到投资人的青睐。有人说中国出不了麦当劳、百胜、星巴克之类的超级餐饮企业，但中国广阔的市场空间以及餐饮职业化趋势的到来，让我们开始期待中国的餐饮品牌在未来走出中国，走向世界。不积跬步，无以至千里。想要做大，还得把眼前的“小事”做扎实，建议每个餐饮从业者都来阅读这本书。

李明元 麦当劳亚太区前副总裁

在假期中读完整本书，非常过瘾。它涵盖了餐饮经营完整的架构及路径，并对市场上最新的成功或失败案例进行了深入浅出的解说。书中既有大师级的理论基础，也有互联网时代的餐饮趋势观察分析，更像是一个有很多实用工具的百宝箱。餐饮新手非常有必要精读这本书，老掌柜也可重温反思。

黄丽燕 李奥贝纳广告公司大中华区总裁

当进入一个行业时，如果能遇上一位前辈，愿意一步步地教你做事，在你没注意的细节处耐心提点你，那真是求之不得的幸运！这本书毫无藏私，像一位手把手教导你的好师傅，在餐饮业方方面面，都巨细靡遗地逐步带你经历所有过程。有人带着你，帮你自信地跨出第一步，未来你的生意就能稳妥地不断发展，并大步走出自己的风格！

华 杉 上海华与华营销咨询有限公司董事长

要让生意好做，就需要顾客源源不绝地来。顾客愿意来，总有一些原因。他们知道一些关于我们的事儿，这让他们愿意来。我们把这些事儿称为企业的品牌资产。我们的所有动作，都要为已有的品牌资产保值、增值，或者形成新的品牌资产。能形成品牌资产的动作，就是有效的。这本书的内容非常扎实，没有装腔作势的虚架子，全是实践出真知的良知良能。这本书告诉你的，就是餐饮经营中的那些有效动作。

王小龙 弘毅投资董事总经理

中国饮食文化博大精深，一代又一代的餐饮人为其倾尽一生。如今，餐饮信仰与商业红利再也不是非此即彼的零和博弈，诸多细分品类都拥有登堂入室的机会。机会永远是为有梦想、有格局、有学习力的创业者准备的，他们既要“仰望天空”，也要“脚踏实地”。本书翔实地记录了餐饮创业从无到有、从小到大的完整过程，值得有志于投身餐饮事业的朋友认真通读。

杜中兵 巴奴毛肚火锅董事长

认真读完本书，我在18年的创业历程中遇到的坎儿、走过的弯路仿佛过电影般一幕幕浮现在眼前。餐饮行业近年来朝气蓬勃地发展，让很多创业者看到了它的锦绣前程。其实，餐饮行业也是一个死亡率极高的行业。谢谢勺子课堂，我一直坚信未来中国的餐饮一定会代表中国文化走向全球，这本书恰恰是用简单易懂的语言，将我们用十几年的实践才悟到的餐饮管理知识表达出来，让在餐饮行业创业的同人把这个高度复杂的行业变得简单、实用。

刘京京 嘉和一品创始人

这本书通过一个个扎实的案例，触及餐饮经营的方方面面，有事实依据，有理性分析。虽然中国餐饮未来的市场空间十分广阔，但是打算做餐饮的人以及正在做餐饮的人一定要脚踏实地，虚心学习，不断补充给养。创始人的思维边界就是一家企业发展的天花板，这本书或许会给读者一些突破边界的启发。

柳莺 大龙燚火锅创始人、董事长

进入门槛和技术含量决定了一个行业的主动创业者的数量与个体化程度。当越来越多的创业者进入餐饮行业时，如何活下去，并且活得长久，便成为餐饮人急需解决的难题。这本书从 PPFC 公式入手，讲解了门店运营、流量抓取、成本控制、人员管理等方面的知识，为餐饮人绘制了一幅经营全景图。

陈鹏鹏 陈鹏鹏卤鹅饭店创始人

非常有幸与勺子课堂结缘，在陈鹏鹏卤鹅饭店成长的各个关键阶段，勺子课堂一直陪伴在我们的身边。勺子课堂是一家智囊机构，致力于提供专业辅助与指导。我们多次派团队到勺子课堂学习，并积极实践，几年来，各门店的经营业绩稳步增长。现在，勺子课堂将多年的实战经验呈现在这本书中，以更高效的方式传播经营智慧，助力中国餐饮腾飞。向勺子课堂致敬！

罗 清 蛙来哒创始人

餐饮行业的跨界创业者越来越多，其中不乏茫然无助创业者。对于他们来说，《从零开始做餐饮 · 经营篇》无异于一位细致贴心的好老师，可以指导他们少走很多弯路。

陈斯琦 米好食光创始人

“先完成，后完美”，餐饮人总是秉持这样的信念开店，创立品牌。在打造品牌的路上，有无数需要提升、改善、重建和优化的地方。之所以出现问题，不是因为我们看不见，不清楚问题所在，而是因为我们缺少清晰的逻辑和方法。这就好像，虽然我们会画树，会画房子，会画太阳，会画鸟，但是不能将它们组合成一幅美妙的山水画。《从零开始做餐饮 · 经营篇》通过梳理和组合，将我们脑海里的经验和认知重建为经营餐饮门店的逻辑，也将真正有效的经验总结沉淀为经营智慧。相信就能看见，理解就能认知，我相信如果您认真读完这本书，必能明白餐饮经营的真谛。

郝义平 食字街区总经理

“志若不移山可改，何愁青史不书功”，在与勺子课堂相伴的 5 年当中，我见证了宋宣及其团队服务千千万万餐饮人的历程。这个团队理论功底深厚，方法切实有效，向我们提供了非常务实的帮助。这本书非常系统地介绍了餐饮经营的基本知识，从本质上让读者理解影响营业额的因素，从选址评估、开源节流和效率提升的角度，帮助餐饮经营者找到提升营业额的方法，实为耐心耕耘的匠人之作。

费良慧 费大厨辣椒炒肉创始人

一个企业最大的成本就是试错的时间成本，一个餐饮创业者最大的幸运就是有高人指点。感谢勺子课堂提炼餐饮业实战精华，助力我们在创业之路上赢得机会和未来。

目 录

第二章

第三章

第四章

推荐序一

餐饮经营的大学问与小道理

贾国龙
西贝莜面村创始人

1988年，我在大学二年级时退学，在内蒙古临河老家开了第一家店，20平方米，12个座位，名叫黄土坡风味小店。店里只有两种菜：鸡肉炒疙瘩、羊肉泡馍。三四个月后，街对面有家店生意不好，我把它盘下来，重新装修为西贝酒吧。当时投资3万多元，我从北京进了好多洋酒，结果当地人喜欢喝二锅头。本来酒吧是不卖菜的，但是喝酒必须有菜，就加了凉菜和面。当时最有名的菜是砂锅面片，人们都说："走，去西贝酒吧吃砂锅面片。"

1999年7月，西贝离开小县城临河进了首都北京——接手了一家原来叫金翠宫海鲜大酒楼的餐厅。一开始找不到门道，前四个月就赔了100多万元。后来改卖莜面，火了。跨年夜，我开着车从长安街穿过，心想这次站住脚了。

2016年7月，我打磨出了西贝燕麦工坊这个新模式，但最后关头，还是决定停止这个项目，因为它承载不了我要达成的开十几万家店的愿景。我的目标是大众市场，要南北兼宜，老少咸宜，人人吃得起。

现在，我又琢磨出一个最新的快餐模式，是一个讲美食爱好者故事的餐厅，正在进行内测，到 2020 年目标开 1000 家店。

回看西贝 31 年的发展史，摸爬滚打一路走来，前 25 年都是乱拳打死老师傅，不断试错，不断修正。直到最近几年，才慢慢积累起了西贝的事业理论——成就人。用最诚的方式待人，用最笨的方法做事。

这些年，总是有不少年轻人问我——怎么做好餐饮。我在想，社会能不能提供针对餐饮行业更为专业的知识、经验、教训分享，帮助初创企业快速度过试错期，进入发展正轨？

现在出版的这本书，解决了这个问题。作者团队能够提供线上线下的培训课程，西贝也曾经参与过分享。我在 2016 年主讲了“西贝大课”，现场反馈的效果很不错。

我来自内蒙古大草原，每年的七八月间，草原上繁花盛开，绚烂多姿，每种花都有自己独特的美。我想整个餐饮行业也是如此，每一个品牌、每一个品类都在自由生长，充分竞争，满足顾客多元化的需求。

我把下一个十年定义为西贝发展的黄金十年，我更相信，整个餐饮行业一定会迎来更灿烂的明天。

推荐序二

中国的新餐饮时代

余章荣
勺子咨询 CEO，勺子课堂联合创始人

20 年前，我毕业之后加入了德克士。那时候德克士还处于创业初期，遇到了非常多的挑战。我们当时认为，拥有餐饮行业的很多优秀人才，也拥有大量的创业资本，就能打造成功品牌。然而，现实并非如此，我们没有马上迎来繁花似锦的美景，而是遍体鳞伤的困境。于是，我们不断探索与实践，思考如何让一个品牌持续成长，并永续经营。我们发现，除了资本与人才，唯有回归餐饮的本质，品牌才能迎来持续成功。

2019 年，中国餐饮市场的销售额达到 4.2 万亿元，成为中国第二大产业，仅次于房地产。未来数年，我们预计这一市场规模，每年还将继续保持 8%~10% 的增长速度。过去十年，餐饮业经历了野蛮生长，也出现了我们说的“四高一低”的白热化竞争的红海。如今，更多海量的资本涌入了餐饮赛道，前沿技术与专业人才团队也在不断进入这个传统的行业。中国餐饮进入了空前繁荣与空前竞争的新时代。

95 后甚至 00 后的年轻人，成为餐饮消费主力族群。20~35 岁的餐饮用户占餐饮消费者的比例达 74%，80% 的决定权也交给了年轻女性。“年轻”已经成为餐饮经营管理中最重要的“消费者画像”。过去，我们说餐饮企业是美食公司，做餐饮，只要把菜做好，把产品做好就可以了。如今，消费者变了，超前的消费观让年轻人选择更加有特色、更加有格调、更加有性价比的产品或服务。过去，我们说“好吃”，只是单一维度理解的味道好。如今，“好吃”有深层次的延伸。“好吃”不仅仅是味道好，还要求产品颜值高，摆盘美，甚至可以带来“心理的优越感”……过去，消费者喜欢选择高大上的餐厅，现在年轻人更加追求个性，会选择“有调性、小而美”的餐厅。年轻人带给我们所有餐饮经营者的新思考，就是如何打造一个“好吃、略贵、调性高”的餐厅。

过去，消费者来餐厅只是为了吃一顿饭。如今，年轻人除了用餐，更愿意成为一个引导意见的领袖，需要通过分享影响身边甚至线上更多的人。以往，我们开餐厅更多关注门店开在哪个位置，是否能够被消费者看见。如今，进入互联网时代，消费者的线上意见传播，成为餐饮品牌线上能见度的新入口。比如，上海的一个餐饮品牌，只有两家门店，但其在大众点评上置顶的一条“五星评价”的浏览次数可以高达 9 万。点评的星级高低，成为消费者选择餐厅的重要依据。

在新餐饮时代，经营好一家餐厅的本质，需要回归顾客价值。我们需要不断提升 QSCV（品质、服务、卫生、价值）的运营水平，创造好的顾客体验与顾客满意度，进而带动顾客持续的消费频率以及口碑传播，拉动业绩增长。同时，餐厅经营者要通过科学化的运营管理，优化成本结构，增加门店的赢利能力，这样，才可以为员工的教育培训、薪资福利和晋升发展匹配更多的资源，让员工可以更加专业并富有热情地服务好每一位顾客。这就是经营好一家餐厅，并保持持续成长的商业本质。

我一直认为，淘汰一个餐饮品牌的不是技术，不是资本，也不是环境，而是消费者不再喜欢这个品牌了，这个品牌也不再关注消费者的体验了。现在和未来的餐饮公司，不再仅仅是一家美食公司，更是粉丝公司。我们要经营好顾客的体验和连接，不断以创造顾客价值为核心，持续迭代与升级。

《从零开始做餐饮·经营篇》这本书，从经营的多个模块展开。通过学习，我们可以有效地打通线上与线下的运营，掌握提升顾客体验与价值的系统性技能，同时，学会精益化的门店管理。希望这本书可以帮助即将或已经投入餐饮创业的每一位餐饮人。

在新餐饮时代，我们一起学习、交流、研讨，一路前行。祝福每一位餐饮人生意兴隆、心想事成，让我们共同迎接中国餐饮最好的时代。

推荐序三

“说人话、能落地、有启发”的一本好书

闫寒
至味优粮合伙人

我是一个工程师出身的餐饮人，自认为读书不少，涉猎领域也比较多。在我的心目中，一本好书的标准是：第一，能够让外行人无缝衔接进来，也就是“说人话”；第二，有很高的工具价值，也就是里面包含的知识和技能可以直接落地；第三，能对读者的未来产生启迪，也就是并不是只“教你做事”，还能够让你思考未来的事。

《从零开始做餐饮·经营篇》，毫无疑问就是这样一本好书。

第一，它的文字朴实平顺，不包装高大上的概念，不管是餐饮行内的人，还是行外的人，都非常容易接受。

第二，这本书的技巧和策略十分详细，读者可以直接落地执行。最难得的是，它的内容与时俱进，

从传统的大众点评账号运营到最新的抖音营销都兼容并包，工具价值非常高。

第三，它不仅包含事无巨细的单店经营方略，还包含连锁经营时期最重要的人才培养、组织建设以及供应链成本管控等，能够启迪大多数还在路上的餐饮人思考未来。

为什么宋宣能写出这本好书呢？我们都知道，任何一个人的知识体系都有其优势，也有其弱势，但是作为优秀的餐饮垂直教育机构勺子课堂的创始人，宋宣的背后可不是一个人的知识体系。

勺子课堂深耕餐饮培训 4 年，是我见过的投入教研力度最大的餐饮行业培训机构，投入大量资源和人才，必然能出现优秀的教学成果。

当然，这还不是最有价值的资产。我认为勺子课堂最有价值的资产，是它接触、合作、学习、培训的数万个形形色色的餐饮品牌。它又通过对学员和伙伴的跟踪研究，在实践中验证了自己的教研成果。比起很多纸上谈兵的营销导向的培训机构，我只能对它说一句："了不起！"

如果你是一个即将进入餐饮行业的准跨界者；如果你虽然有了自己的餐饮品牌，但是经营上仍有瓶颈；如果你的餐饮品牌虽然蒸蒸日上，但是你仍需要寻找新的机遇……强烈建议你认真阅读这本书，你将体验守得云开见月明的快感和收获。

自序

在混乱的餐饮竞争中，寻找常识的确定性

当我们不断强调专业时，时代告诉我们，多元的中国留给每个创业者的都是一个复杂的命题。先进与落后，富有与贫穷，智能与人工，以及最简单的，好与坏。那么到底什么才是经营一个好生意的真谛？我的答案是：回归常识。

多元的中国造就了无数的商业机遇，人们只要弯下腰，遍地是黄金，市场就此生生不息。因为多元，所以在复合业态的市场难以评判正确与错误：对于消费者而言，“总有一款适合你”；对于模式造就者而言，也总能找到对应的消费者。餐饮这个古老的行业将这种复合业态发挥到了极致。这便使得在这个市场中，你能见到先进如“无人餐厅”，落后如“苍蝇小店”，不同韵味、不同需求交织丛生，各得其乐。

百味混战与百态交融，是行业不变的话题。餐饮市场高度分散，头部商家难以占据市场的大部分份额，究其原因无非是人的这张嘴。人的一张“百味嘴”让这个行业充满了混合的味道，酸甜苦辣咸鲜涩，每种味道对味蕾的刺激都能让我们的日子变得多彩。

比起百味混战，更值得我们关注的是百态交融，这体现在餐饮的边界正在变得越来越模糊。到底什么是餐饮？从卖牛肉粉到卖方便面还是不是餐饮？从正规餐厅到走进便利店还是不是餐饮？当房租、人工、税费压得餐饮人喘不过气的时候，越来越多的餐饮人不再依靠多开店来增加营收，而是大店到期关店歇业，小店增效进军外卖零售。同店增长从未变得如此重要。更有餐饮人在进军零售后表示，已不是只有餐饮人潜心发力零售。

数次争论后，我们必须承认，回归常识是思考商业逻辑的最好方式。让我们把这个课题放到用户身上，对于他们而言，吃才是最重要的，餐饮是什么并不重要。解决一顿饭的渠道正在突破餐饮的传统定义。我可以在全家便利店买一个面包充饥，也可以在全聚德点上一桌好菜宴请宾朋，更能在天猫上买上几袋水饺，窝在电视旁吹空调。

时代的发展对餐饮人的要求越来越高，我们刚刚弄懂外卖，零售浪潮又叩响门扉。浪潮中，优秀的餐饮人始终是行业里的那些“学院派”，他们始终站在浪潮之巅。优秀的餐饮人从来不是风向的引领者，而往往是行业资源与机遇的指挥家。调动资源，应对变化，发现机遇，迎头赶上，行业始终会善待那些有敬畏之心的餐饮人。

第一章

餐饮店的利润从哪里来

门店经营的最终目的是赢利，营业额对于餐厅经营者来说，是最为真实的数据反馈，也是推动我们不断向前的动力。提升门店营业额，要先明确门店营业额从哪里来。本章，我们就将对门店营业额的来源进行拆解，了解 PPFC 公式并对各因素进行分析和评估，建立经营认知。

影响门店利润的四大因素

近年来，我国餐饮服务市场一直处于稳步发展状态。智研咨询网发布的《2017—2022 年中国餐饮业行业发展现状及前景战略咨询报告》显示，2017 年，我国餐饮服务市场总规模已经高达 3.96 万亿，预计 2017—2022 年将保持高速增长状态。

广阔的餐饮市场前景吸引了一大批创业者，但取得真正意义上成功的却仍是少数人，每年都有很多由于经营不善而关闭的餐饮企业。相关调查显示，80% 的餐饮门店寿命不超过两年，甚至几个月就关门大吉，因此，有人将餐饮行业称为最容易创业失败的行业。房租成本、人力成本以及食材成本像三座大山，压倒了众多餐饮门店，高淘汰率一直是餐饮行业的常态（见图 1–1）。

营业额是门店业绩最直接的反映，没有营业额何谈赢利？那么，到底如何提升门店营业额呢？相信这是许多餐饮经营者最为关心，也是所面临的最大难题。没有无缘无故的成功，每个成功赢利的门店背后，都牵扯无数个具体要点。接下来，我们一起来探讨一下影响餐饮门店营业额的几个重要因素。

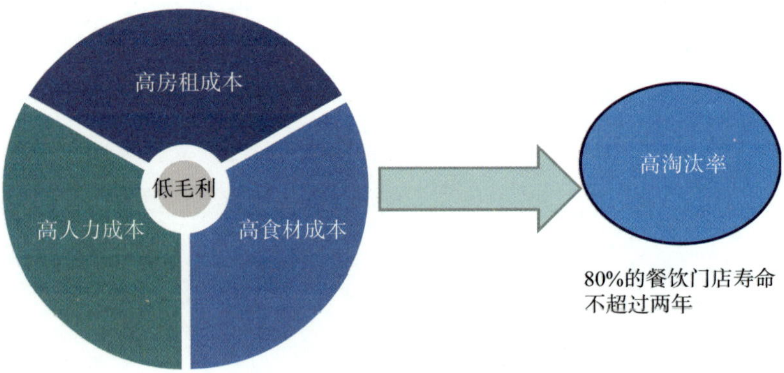

图 1–1　餐饮行业的高淘汰率

大多数餐饮经营者在计算门店营业额的时候，习惯于使用简单的人数乘以人均消费额的方式来计算，也就是

Sales（营业额）=TC（Total Covers，人数）×AC（Average Check，人均消费额）

其实，这只是一个基础公式。虽然它也能够准确计算出门店营业额，但因为涉及的影响因素只有顾客数量和人均消费额，所以难以帮助经营者更细致地分析当前的经营状况，也不能深刻地剖析当前存在的问题，更不能有效地指导餐饮企业优化经营。

对于餐饮企业来说，人均消费额主要受消费者收入水平与消费习惯影响。虽然菜单和菜品价格的调整可以影响人均消费额，但在固定的时段内，人均消费额基本是稳定的，所以实际上对餐厅营业额产生较大影响的因素是顾客数量。餐饮企业的顾客数量与其所在商圈的人口数量、品牌渗透率以及顾客消费频次相关，即

TC（Total Covers，人数）=P（Population，人口数量）×P（Penetration，渗透率）×F（Frequency，消费频次）

我们可以把门店营业额的基础计算公式更细致地拆分为更加具体的营业额计算公式，也就是所谓的 PPFC 方程

Sales（营业额）=P（Population，人口数量）×P（Penetration，渗透率）×F（Frequency，消费频次）×C（Average Check，人均消费额）

PPFC 公式适用于餐饮经营者对门店进行全方位管理。接下来，我们将对该公式进行更为细致的讲解（见图 1–2）。

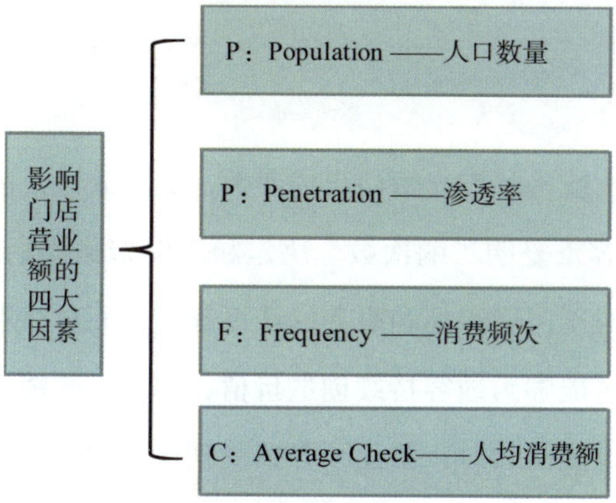

图 1–2　PPFC 公式

1. 人口数量

人口数量是指门店可以服务的范围内的人数，我们可以通过调查商圈内的人口数量来进行评估。影响商圈人口数量的主要因素包

括商圈类型、商圈经营状况以及商圈所处的位置。要想有效提高门店营业额，我们就必须在选址前做好商圈的调查评估工作，因为这对我们的客流量有非常大的影响。

2. 渗透率

所谓渗透率，就是指在一定的商圈人群中，至少到你的餐厅消费一次的人口比例。门店的知名度越高，其渗透率就越高。在这个“口碑为王”的时代，打响门店品牌，加深品牌在顾客心中的印象，让顾客为你自主传播是一件非常必要也非常重要的事情。因此，要想提高门店营业额，我们就必须注重对品牌渗透率的把握。

要想提高品牌渗透率，我们具体可以从增加门店数量、加强门头设计、注意经营特色以及延长经营时间四个方面入手。

3. 消费频次

消费频次就是顾客光顾门店的次数，简单来说，需要我们做的就是提升顾客重复购买的次数。决定顾客消费频次的因素有两个：第一，顾客对于门店产品和服务的认可程度，而这就在于门店的产品和服务是否能够为顾客持续创造价值；第二，营销活动的吸引力度，我们在设置活动时，要让顾客感受到优惠和方便，以此提升顾客的光顾频次。

4. 人均消费额

人均消费额即平均每人每次消费金额，也就是我们常说的客单价。

举个简单的例子，如果餐馆A一天接待了50名客人，平均每人消费30元，那么餐馆A当天的营业额便为：50×30=1500元。

餐馆B一天同样接待了50名客人，平均每人消费40元，那么餐馆B当天的营业额便为：50×40=2000元。

在顾客人数相同的情况下，顾客人均消费额越高，门店营业额也就越高。由此可见，提升顾客的人均消费额也是提高门店营业额的一个重要方式，我们可以通过产品定价策略、折扣促销活动等方法来实现。

使用PPFC公式计算餐饮企业的营业额，餐饮经营者可以对门店营业额进行更为全面的分析，并从中发现当前经营的薄弱环节，然后进行有针对性的优化提升。比如当门店的渗透率过低时，经营者可以通过设置生日或节日礼物吸引新顾客，开发客源。当消费频次过低时，经营者可以通过向进店的顾客赠送消费券来鼓励他们常来，从而增加顾客消费频次。当门店的人均消费额不高时，经营者可以通过设置半价商品或者商品套餐来提高顾客人均消费额。

了解了PPFC公式，我们可以通过在各节点采取相应的措施提升门店营业额。其中，人口数量是基础，渗透率和消费频次是前提，人均消费额是有效保障。餐饮经营者可以通过对每个细节的掌控实现对影响门店营业额的因素进行合理把控，从而使门店销售业绩保持最佳状态。

商圈人口数量

人口数量是提升营业额和开展营销活动首先需要考量的因素，人口数量和商圈息息相关，因此要想确保店铺营业额的最大化，就要先了解商圈内人流量的变化情况。不仅要对整个商圈进行评估，还要了解该商圈各个点的具体流量情况。

获取商圈人口数据的方法有很多，具体执行时，我们可以使用以下三种方法（见图 1–3）。

图 1–3　获取商圈人口数据的三种方法

1. 实地调研

简单来说，实地调研就是根据商圈规模大小来分配相应人手，专门去现场考察和调研。在考察调研之前，我们可以先依据政府出版资料和商圈内部资料来进行商圈分析（见图 1–4）。政府出版资料包括地区人口、人口收入、年龄分布和教育程度等与人口相关的信息。商圈内部资料包括商店分布，交通状况，人潮的集合、流动及变动等相关信息。如果我们能够将这两种资料结合起来分析评估一个商圈，就能对店址周边做一个全方位的评价，最终帮助我们在最理想的地点设立店铺。

当然，依据资料来分析一个商圈还远远不够，我们必须进行实地调研和考察，通常可以使用“实时记录”和“外部观察”两种方式。所谓实时记录，主要是为了统计目标地段的人流量。商家可以在商圈位置，利用计数表进行实际统计。一般至少要安排三个人，在商圈的三个不同位置同时进行统计，以小时为单位，统计出同一时段不同位置经过的人数以及男女比例。

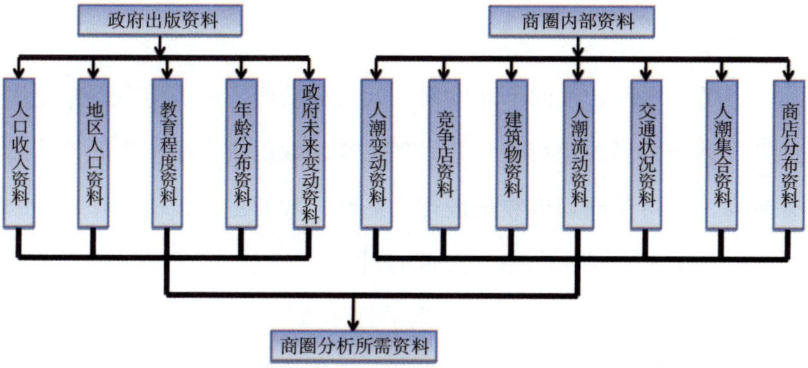

图 1–4 商圈分析所需资料总结

外部观察法，主要是为了统计商圈周边住宅区的入住率。餐厅经营者可以对所在位置两公里范围内的住宅楼进行外部观测，日间主要统计拉着窗帘或者晾晒衣物的住户数量，夜间主要观察家里亮灯的住户数量，两相比对，并通过两天以上的有效统计，基本就可以获取较为准确的住宅区现有住户数量。

通过以上两种方法，餐饮企业就可以获取商圈位置在不同时段大致的客流情况、客流峰值时间段，以及商圈周边的住宅入住率。通过对这三组统计数据的综合分析，餐饮企业便可大致掌握目标地段的基本客流情况，从而实现多维度客流分析的目的。

除了这两种普适性的方法以外，还有一些针对特殊商圈位置的具体技巧：靠近写字楼、办公区的餐饮企业可以通过查看企业的入住名牌以及上下班时间的出入人数来统计人流量；布局于住宅商圈的餐厅可以向物业咨询，了解该区域的大致入住率；大学城商圈附近的商家可以直接通过宿舍楼的规模估算学校周边的人流数量。

当然，如果商圈规模较大，调研工作任务过重，我们还可以采取抽样调查的方式进行实地调研。

2. 大数据

伴随互联网技术的不断发展，人类活动所产生的信息越来越多地被以数据的形式进行收集并呈现出来，数据资源所产生的价值越来越高。在对商圈人口数量进行评估时，我们也可以借助互联网的力量，利用大数据对其进行整理和分析。

利用大数据进行分析的优势在于我们可以根据现有数据，如目标客户群数量、目标消费群水平、周边的商业情况等精确地分析出一个商圈的吸引力和发展潜力，从而更加准确地确定店铺的地理位置。

（1）各类地图导航软件。在日常生活中，我们经常会使用百度地图、高德地图以及腾讯地图等地图导航软件，这些软件在一定程度上可以帮助我们实现对商圈人口的初步考察。

（2）第三方区域调研数据，或自建选址平台。很多知名餐饮企业都非常注重对于数据资源的收集和整理工作，肯德基、星巴克等企业甚至为此专门开发了相应的应用软件。比如，星巴克在选址时，就曾经依靠一个叫作 Atlas 的内部绘图和商务智能平台，对商圈人口分布情况进行评估。对于中小餐饮店铺而言，如果能够对这些具有影响力的企业所研发的软件和发布的数据加以合理利用，就能够为自身的数据统计工作减轻不少负担。此外，像阿里、美团、58 等著名互联网企业，也时常会利用自身条件发布一些行业或区域调研数据。这些数据对于我们了解商圈人口情况非常有利，可以帮助我们迅速了解某一区域餐饮领域的有效人口数量。

（3）公共事业。餐饮企业还可以借助电表数据、煤气数据以及公交刷卡数据等公共数据来对商圈人口数量进行基本了解。

3. 推算

由于时间、财力等方面的限制，很多时候，我们无法对商圈人口数量进行具体统计，因此学会根据适当的模型对人口数量进行推算也是非常重要的一个获得数据的方法。比如我们可以通过小区内的电表个数了解该小区住户的数量。当然，这种方法并不能保证准确率，因为对于小区人口的统计，有时还需要考虑小区的入住率。

快餐品牌绿盒子蒸饺已经在北京开设了 6 家分店，在商业区、居民区以及办公区都有布局。其不同店铺所在区域的主要顾客特点也存在一定差别，比如，居民区和商业区顾客的堂食需求比较旺盛，而办公区的顾客则主要通过外卖渠道来满足自己的快捷餐饮消费需求。因此，绿盒子蒸饺在进行客流分析时，也是从这两个不同的角度进行的。

首先，对于居民区店铺而言，绿盒子蒸饺通过与物业沟通和扫楼的方法，对商圈内居民区入住率和小区的体量数据进行统计，然后根据统计得到的结果选择合适的布局位置。在通常情况下，绿盒子蒸饺会选择入住率较高、人员比较密集，并且人均收入水平较高的区位作为最佳布局位置。

其次，对于办公区店铺来说，绿盒子蒸饺会通过两个主要外卖服务平台（美团外卖、饿了么）上处于相同商圈位置的同类型店铺的订单数量，进行客流量统计。一般情况下，绿盒子蒸饺会在两个平台上各挑选至少三家与自己品类大致相同的餐厅，然后通过店铺的产品展示和数据记录，获取这些餐厅的月销售量和客单价数据，进而估算出该区域内顾客的消费能力和外卖单量，并以此作为选址依据。

如果市场理想性非常好，我们要确保找到最佳的地点，就可以在充分了解其方圆300米内的人口统计数据和人均收入水平等的基础上推算未来在此商圈开设餐厅的可能性。

总之，评估商圈人口数量是一项复杂但又不容忽视的工作。我们在评估过程中要尽可能地做到全面、认真，排除一些人为干扰因素，灵活地使用评估方法，以保证所得结论的准确性。有关评估商圈人口数量的具体方法，我们会在后面的章节进行介绍。

提升门店知名度

品牌渗透率代表顾客对品牌的知晓程度，渗透率越高，说明品牌知晓度越高。

在餐饮行业市场竞争越来越激烈的今天，对于餐饮经营者来说，门店营业额的提升很大程度上要依赖品牌自身市场份额的提升。相关调查显示，品牌渗透率对于品牌所占市场份额有着极大的影响，行业领导品牌的渗透率往往要比同品类其他品牌高出很多。因此，从某种程度上来讲，提高品牌渗透率是推动店铺营业额增长的有效利器。

在这个日新月异的商业社会中，餐饮品牌要想保持持久的生命力，就必须做到不断提升品牌渗透率，从而打响品牌知名度，加深品牌在顾客心中的认知。那么，我们应该如何提高品牌渗透率呢？

具体可以从以下四个方面入手（见图 1–5）。

图 1–5 影响品牌渗透率的四个因素

1. 门店数量

门店数量对于品牌渗透率有很大影响，所以相对来说，连锁餐厅在这一点上具有更为明显的品牌优势，多店宣传的效果往往能够使品牌渗透率快速提升。

需要强调的是，并不是所有餐厅都适合发展连锁经营模式，毕竟连锁餐厅的经营管理是一件非常复杂的工作。如果我们在自身产品还未完全打磨成熟，也没有形成完整的经营管理机制的情况下便进行盲目扩张，很容易引发一系列管理问题，从而使得各门店产品和服务质量良莠不齐，这样就会导致品牌渗透率不仅无法提升，反而大打折扣。

如何做好连锁店铺的经营工作？我们可以应用3S原则，即简单化（Simplification）、专业化（Specialization）、标准化（Standardization）（见图 1–6）。

图 1–6 经营连锁餐饮企业的 3S 原则

（1）简单化。在这个效率至上的时代，工作流程越简单高效，越容易执行到位。为了方便对连锁店铺进行统一管理，我们要尽可能地对管理程序进行精简，使其操作起来更容易，这样才能更好地达到理想效果，从而以最小的投入获得最大的利益。最简单直接的方法，就是对餐厅运营管理的整个操作流程进行梳理，并将其制作成一个简明扼要的操作手册，使员工有所依据，根据手册指示，在最短的时间内熟悉自己的工作程序，顺利完成工作。

比如，某连锁快餐品牌在其操作手册中，就对所需原材料的质量、每一道工序所需的时间、服务标准都做出了明确规定，要求每一家店铺的员工都严格执行。

（2）专业化。只有对各连锁店铺都实现专业化管理，才能保证连锁经营工作的顺利进行。在店铺营业前期，要安排对各级人员的专业培训，传达统一的品牌文化和理念，制定并严格执行专业的管理制度，对于各项工作实行分工制管理，责任到人。

（3）标准化。标准化管理是保证店铺整体质量的关键所在。在进行连锁经营之前，我们要确定一套标准化管理流程，从采购到制作再到售卖，每个程序都要求各分店严格遵守总部制定的标准。此外，店铺前期的选址、装修风格的确定以及所使用的品牌 LOGO（商标）、员工的着装等，都要由总部跟进管理，以保持整体的一致性。这样有利于品牌对外的形象宣传，从而加深顾客的品牌记忆。

2. 门店装修

这里的装修主要是指餐厅门头的设计情况，门头就相当于店铺的脸面，其形象直接决定着顾客对于店铺的第一印象。好的门头设计一定具有足够鲜明的特点，无论是名称、招牌、颜色，还是 LOGO 设计，都应该做到能够迅速引起人们的注意，从而让消费者一眼便记住（见图 1–7）。

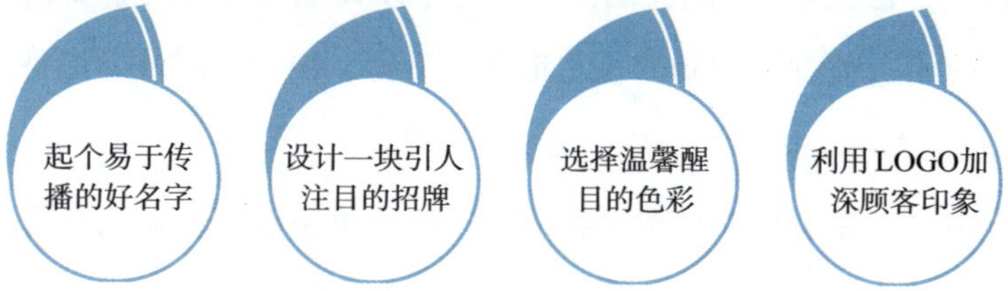

图 1–7　门头设计的四个要点

（1）起个易于传播的好名字。店铺名字是餐饮店铺最宝贵的资产之一，好的店铺名称不仅能够向顾客传达店铺经营理念，还可加深大众记忆，承担着店铺宣传的重要作用。餐饮企业怎样才能为自己设计一个优质的店铺名称呢？

第一，我们要明确一个现实情况，在市场竞争日益激烈的今天，餐饮品牌想要快速地形成消费者认知，就要最大限度地降低记忆和传播成本。

相比之下，客观存在的事物与创造出来的词语相比，能够更加直接地创建品牌与记忆的联系。在此基础上，如果客观存在的事物同时也被消费者熟知，连接的创建速度会进一步提升，记忆的深刻程度也会得到加强。因为越是熟悉并且客观存在的事物，越容易在脑海深处引起人们的共鸣，勾起人们的回忆，这时，记忆的程度自然也会随之加深。

所以，我们可以在店铺名称中加入消费者熟悉的自然事物。一些耳熟能详的品牌，如苹果、小米、豆瓣、瓜子等，其实都是以人们在生活中常见并且熟悉的事物进行命名的。但在实际操作中，这种名词类品牌很难注册，怎么办呢？我们在实战中总结了两个小窍门。其一，将两个客观事物结合在一起，也就是“东西 + 东西”，典型的代表就是农夫果园、脸书等。其二，在客观事物之前加上一定的描述，也就是“描述 + 东西”，这种方式也可以帮助企业通过注册，使用这种方式的品牌也有很多，飞猪、快狗、闲鱼等都是典型代表。

第二，除了加入自然事物以外，颜色也是能够影响消费者记忆的重要元素。“东西 + 颜色”的店铺名称，更容易让人产生立体的画面感，能够很好地帮助品牌节省传播成本。我们熟悉的很多品牌，比如红牛、大白兔奶糖、蓝月亮等，都使用了这种命名方法。

第三，我们还可以在品牌名称中加入数字元素，其作用与自然事物以及颜色相同，这里不再赘述。使用“数字 + 东西”命名模式的品牌也有很多，譬如六神、百度都是优秀的代表。

在店铺名称中加入“数字”的时候，建议不要超过个位数，因为人们对 10 以内的数字最熟悉。当然，名称字数也不宜过多，更不要使用生僻字，应该简洁明快，朗朗上口，便于顾客记忆和传播。

同时还要尽可能新颖，避免与其他店铺雷同，这样才能更好地引发顾客兴趣。另外，还要让人一看便知道餐厅的主营业务，不要为了追求所谓的高雅而让人看不出这是一家餐厅。

名字是人们接触品牌的第一道关卡。容易传播的好名字能为人们大脑接收的信息做好“减法”，给大脑一个“傻瓜式”的看见，所以不能抽象。

（2）设计一块引人注目的招牌。招牌的目的就是更好地吸引顾客，因此招牌上的字要尽可能清晰、好认，字体以楷书、行楷或方正黑体为宜。

（3）选择温馨醒目的色彩。门头的色彩选择也非常重要，醒目的色彩往往更容易吸引顾客的眼球。所以，在为门头选择色彩时，一定要尽可能选择红、黄、橙、绿等温馨明亮的颜色。颜色种类不宜过多，否则会给人一种混乱的感觉。

很多餐饮企业的经营者认为门头的色彩只是为店铺名称增光添彩的辅助因素，只要足够独特就可以看作合适的选择。其实，这种想法是错误的。

斗牛士为什么只会使用红色的斗篷去激怒牛？可口可乐经营百年为什么依然坚持使用红色作为产品包装的主色调？因为红色是血液的颜色，代表着血液的流动，能让人感觉到兴奋并充满活力。

如我们所熟知的水饺品牌喜家德，从品牌名字来看，是间接用颜色来加深消费者的印象。人们一看到“喜”，在脑海中就自动与红色联系在一起，与快乐、幸福的节日挂钩，而“在喜庆的日子吃饺子”的传统观念会让人们在有需要的时候下意识选择该品牌。

相应地，蓝色是天空和大海的颜色，在人的潜意识里，它会带来寒冷、镇静、舒缓和安全的感觉；绿色是自然的颜色，代表清新、健康，在人的潜意识作用下，能够起到舒缓压力的作用；黑色是夜晚的颜色，代表神秘、未知，在人的潜意识里会形成一种对不可知事物的好奇。在人们记忆的源头，其实有很多与色彩连接的潜意识反应，这些都是人们脑海中早就存在的记忆和认知资源。

品牌通过颜色占据记忆识别的关键就在于：一个品牌最好等于一个颜色。然而这个世界上极少有一个品牌只使用一种颜色，那么如何让消费者留下只有一个色彩的印象呢？最好的办法是最多使用“一主一次”两个色彩，通过主次对比突出消费者心理记忆的“品牌色”。

> 比如百事可乐的“蓝色印象”，更准确地说是“蓝”和“红”；再比如宜家的“蓝色印象”，则是通过黄蓝搭配。大部分面积使用主品牌色，才能让人们更容易记住“蓝色印象”。

（4）利用 LOGO 加深顾客印象。店铺 LOGO 就是店铺的标志，其作用是通过专门的色彩、字形等加深顾客对店铺的印象，从而帮助店铺更好地稳定自己的客群。

LOGO 最好是“可视化”的，比如，天猫的猫、京东的狗、苏宁的狮子、国美的老虎，都加了一种动物，就是为了完成大众的心智记忆和寄存，完成“可视化”的记忆。

每个 LOGO 都是信息输出，如果你要输出信息，不要输出完全陌生的信息，因为陌生的信息需要巨大的“教育和普及”成本。我们只需要“链接并释放”人类心智中客观存在的信息，借力打力。用现成心智中的能量包触发并释放能量，就最容易“被注意到”，最容易进入人们的“认知”。

如小肥羊火锅品牌，其LOGO的形象是一个萌萌的卡通小肥羊头，它大大的眼睛、可爱的微笑不仅能够提高品牌对消费者的吸引力，而且极具内蒙古特色。该LOGO输出的信息与人们对内蒙古的认知一致，从而进一步加强了品牌的渗透率。

店铺的LOGO要能够准确体现出自己的特色，使自己与其他店铺区分开来，因此一定不要模仿其他人的设计。在对LOGO进行设计时，最好能够对店铺目标顾客群体进行相应调研，使LOGO的审美符合目标顾客群体的眼光。除此之外，LOGO的颜色选择也应慎重，要与店铺整体装修风格和品牌形象相符。

3. 经营特色

这里的特色包括多个方面，可以是餐厅的环境氛围，也可以是服务，还可以是产品原料、餐具。简单来说，我们追求特色就是为了更好地适应满足顾客追求与众不同的心理，新鲜独特的事物往往更容易得到更多的关注，吸引人们尝试。

好奇心是人类的本能，内部蕴含矛盾的事物比顺理成章的事物更能引起人们的兴趣。

如果苹果的标志没有被咬掉一口，如果万宝路没有启用与“美女＋香烟”背道而驰的牛仔形象，如果黑人牙膏的形象不是黑白反差，那么这些品牌形象对人们的吸引力是不是会大打折扣？答案是肯定的。顺理成章在某种程度上意味着千篇一律，缺乏创意自然也无法创造足够的话题度。

制造矛盾，其实就是在制造反差。反差天生就有吸引力，它能勾起人们的好奇心理和探究欲望。在这个追求个性的时代，千篇一律的同质化产品和服务已经很难打破行业壁垒，引起人们的注意。一个餐饮品牌要想从众多竞争者中脱颖而出，就必须从差异化入手，用新鲜的事物为顾客创造记忆点，让顾客在某个关键时刻或某个场景下会不自觉地想到我们的品牌。

4. 经营时间

要想实现渗透率的不断提升，我们必须做到一点——持续且广泛地传播品牌信息。这就需要时间的累积沉淀。往往品牌经营的时间越长，被知晓的概率就越高。仔细观察我们身边的行业领导品牌，不难发现，绝大多数品牌都已经过很长时间的发展。

> 现在说到火锅，大多数人想到的第一个品牌就是海底捞，它的产品和服务一度受到人们的赞誉。其实，海底捞早在 1994 年就创立了，从一家不知名的火锅店发展到现在的大型跨省知名品牌火锅企业，历经二十多年的时间。迄今为止，海底捞一直在不断地提升产品和服务的质量，研究出颇具特色的十多种锅底，建立了底料生产基地和物流配送基地，不断提高品牌的渗透率。今天，海底捞已经成为火锅的知名代表之一。

要想了解自身门店的品牌渗透率，最简单的方法就是对周边居民或顾客进行相应的调研，看看他们是否了解我们的门店品牌和品类。然后根据统计了解我们的人所占的比例，就可以对我们的品牌渗透率进行初步评估。

总之，提升品牌渗透率对于餐饮店铺而言，是一个长久且持续的工作。在这个过程中，品牌要不断地对品牌营销方案和产品进行调整，以便及时适应市场环境的变化。

提升顾客重复购买的次数

消费频次是指顾客的光顾频次。评判一家餐饮店铺是否成功，规模的大小只是一个很小的方面，真正重要的标准是回头客的数量。如果没有回头客，即使你的店开遍全国，也是失败的。如果一个顾客愿意反复来你的店里消费，则说明你的店铺真正得到了认可。所以，如果你的餐饮店要想取得真正意义上的成功，就要想办法提高顾客的忠诚度和满意度，以增加顾客消费频次（见图 1–8）。

图 1–8　影响顾客消费频次的两大因素

1. 能否为顾客持续创造价值

顾客的消费频次取决于其对店铺产品和服务的认可，即店铺能否为顾客持续创造价值。良好的产品、服务和环境是一家餐饮店铺提高顾客消费频次的基础（见图 1–9）。

（1）产品。要想提高顾客忠诚度，提升顾客消费频次，产品品质永远排在第一位。

餐厅菜品味道的好坏，往往直接影响顾客对餐厅的印象，同时也决定了顾客是否会重复前来消费。很多餐饮店铺在开业初期为了吸引顾客，设立了很多营销活动。在此期间，店铺往往会门庭若市，顾客络绎不绝。但是，由于将过多的精力放到了营销上，忽略了对菜品质量的打磨，结果很多被优惠活动吸引过来的顾客在初次尝试之后，就很少会选择继续支持。店铺经营因此就会变得越来越惨淡，最终不得不关门大吉。产品品质不过关，想要提升顾客消费频次是不可能的。

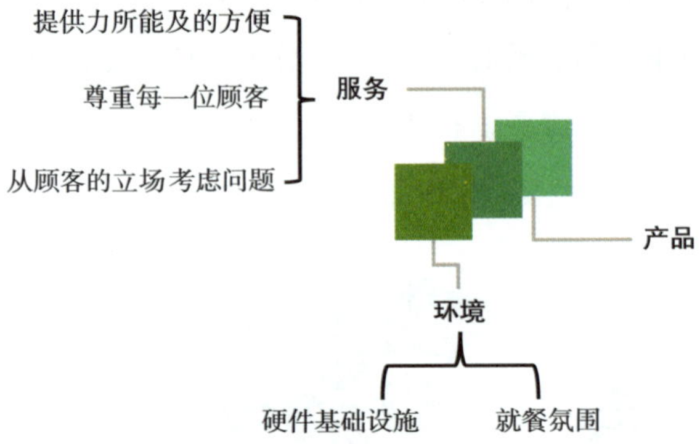

图 1–9　餐饮店铺提高顾客消费频次的基础

除了要把好菜品的质量关，还要注意菜单的迭代。菜单要尽可能地让顾客一目了然，迅速做出选择。因此，菜品不宜过多，但是要定期推出新品。餐厅的菜品少不是顾客不选择你的原因，但是没有新菜品却很有可能降低顾客来店频率，所以我们要定期对菜单进行更新，可以使用末位淘汰的方法。

（2）服务。作为服务行业，服务质量对餐饮店铺的重要性毋庸置疑。服务的好坏直接影响顾客的就餐体验，是顾客衡量店铺好坏的一个重要标准。因此，要想提高顾客的消费频次，就必须注重提升服务质量。

第一，我们要为顾客提供力所能及的方便。在顾客用餐时，我们应该时刻留意顾客的动态，及时发现并满足顾客的需求。比如，为顾客寻找车位，提供儿童座椅，提供打火机，以及帮顾客打包等。这些事看起来微不足道，但往往更容易打动顾客的心，让其感到温暖，从而提高顾客黏性，促使其多次来店消费。

第二，我们要尊重每一位顾客。在任何情况下，我们都要尽可能地给予顾客足够的尊重。来店消费的顾客各种各样，每个人都有不同的喜好和脾气，我们不可能让每个人都十分满意，一些小摩擦也是不可避免的。但是，我们要记得时刻提醒自己，不要因为一时冲动引发不必要的冲突，要懂得尊重顾客。很多时候，良好的态度更容易化解危机，并给顾客留下良好的印象，从而增加顾客来店频率。

第三，我们需要从顾客的立场考虑问题。在为顾客进行产品推销时，要考虑顾客的实际需求，不要为了追求赢利而盲目推荐高利润产品，要尽可能为顾客省钱。也就是说，要从顾客的角度，真心实意地为其考虑菜品的质量、价格和分量是否合乎他们的要求。

（3）环境。在这个注重品质与精神享受的时代，顾客来店就餐不仅仅是为了满足温饱，还更多地追求精神上的愉悦体验。因此，他们在选择餐厅时，环境也是一个非常重要的参考，优美舒适的环境往往更容易激发人们的消费欲望。

对于店铺环境的打造，我们可以从两个方面入手：硬件基础设施以及就餐氛围。所谓硬件基础设施包括餐厅周边环境、餐具、桌椅等有形设备。就餐氛围的打造则可以围绕店铺定位进行，可以某种特定场景为主题，比如主打“老北京家常菜”的店铺就可以围绕老北京主题进行设置，让服务人员统一着装，仿照传统老北京采用的“吆喝上菜”的模式。良好的就餐氛围是餐厅的隐形资产，同样可以增加顾客对店铺的好感度，刺激顾客多次消费。

2. 营销活动力度

顾客的消费频次还取决于营销活动的吸引力度。要想增加顾客消费频次，最直接的方法就是让顾客感受到优惠和方便，即给顾客不断进行消费的理由，从而刺激他们不断进店消费。餐饮店铺最常用的给予优惠的方式包括下单返券、定向发券以及会员积分制等（见图 1–10）。

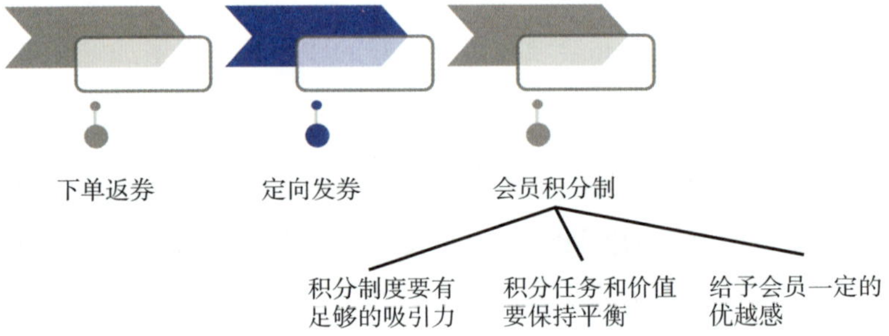

图 1–10　利用营销活动提高顾客消费频次

（1）下单返券。优惠券是店铺给予顾客的最为直接的优惠，我们可以在顾客消费后赠送其一定面额的代金券，告诉他们下次消费时可以使用代金券直接抵现金，以此来鼓励顾客再次来店消费。当然，这种代金券的使用最好设置一定的标准，比如消费金额满多少可以用，有效期为多少天，或者节假日不能使用等。

（2）定向发券。所谓定向发券就是定时向老客户发放代金券，代金券的金额、发放数量以及发放时间可以根据店铺具体情况进行安排。定向券和下单返券的作用一样，也是利用顾客喜欢优惠的心理，促使顾客多次消费。

（3）会员积分制。搭建会员积分制也是当前许多餐饮店铺都采用的一个营销方法，最为常见的方式就是鼓励办卡储值，以及进行消费积分。这对于培养员工重视顾客体验，增加顾客消费频次非常有利。但是，设立会员积分制绝不是简单地引导顾客办一张卡就可以了，后期还需要通过一系列营销手段进行维护。餐饮店铺在搭建会员积分体系时应该注意以下三点。

第一，积分制度要有足够的吸引力。没有吸引力的积分制度形同虚设，并不能起到促使顾客再次消费的目的。因此在设立积分奖励时，要充分考虑顾客的需求，做到切实满足顾客追求实惠的心理。可设置累计消费几次或满多少元，赠送相应的礼品：累计消费满 6 次，赠送 10 元代金券；累计消费满 10 次，赠送招牌烤鱼一条；累计消费满 1000 元，赠送价值 88 元的保温杯一个等。

第二，积分任务和价值要保持平衡。如果积分任务完成的难度太大，与价值并不成比例，也没有办法引发顾客参与的欲望。相反，如果积分难度小于价值，则会增加店铺的成本压力。因此，我们要学会在任务和价值之间寻找一个平衡点，这样才能更好地发挥积分制度的作用。

第三，给予会员一定的优越感。追求优越性是人的本能，要想刺激顾客增加消费频次，就要给予老顾客一些优越感，比如会员生日专享折扣、老顾客专属套餐等。总之，一定要体现老顾客的重要性，让其产生被重视的感觉。

民以食为天，餐饮行业本身就是一个高频次的消费市场，但是由于选择太多，同一家店铺想要让同一位顾客多次光顾也并非易事。因此，这就需要餐饮经营者采取一些适当的手段了解并提升顾客来店消费的频次，以此实现店铺营业额的有效提升。

如果你想要了解自己的店铺的顾客消费频次情况，可以借助先进的互联网技术，对后台数据进行统计分析，也可以通过调查优惠券的回收情况或者观察顾客点餐的熟练度进行简单评估，然后再针对评估结果，选择更合适的手段进行调整。

提升人均消费额

顾客平均消费额，顾名思义就是指顾客的平均消费金额，即客单价。就客单价而言，主要受消费的数量与产品价格影响。简单来说，同样的产品，单价越高，顾客消费额越高；同样的价格，顾客消费数量越多，顾客消费额也就越高。因此，要想提升顾客平均消费额，我们应该主要从两个方面着手：适当的产品定价和尽可能高的销售数量。

通常情况下，影响顾客平均消费额的因素主要有以下 4 种（见图 1–11）。

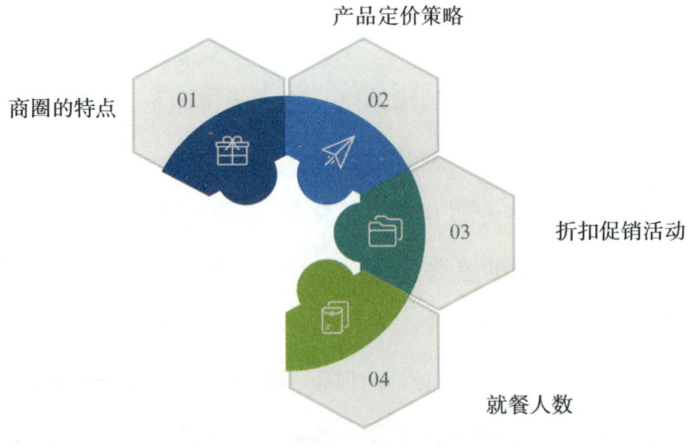

图 1–11　顾客平均消费额的影响因素

1. 商圈的特点

前文，我们已经对商圈的类型进行了简单介绍，不同的商圈类型存在不同的特点，平均消费金额也有所不同，商业区、办公区的顾客平均消费水平较高，而住宅区和大学城的顾客平均消费水平相对偏低。当然，我们也不能单纯因为想要提高顾客平均消费额而将店铺地址选在消费水平较高的商圈，具体还要结合自身产品定位以及商圈条件进行综合考虑。

2. 产品定价策略

产品价格的确定要综合考虑成本、行业水平以及产品价值等因素，定价过高容易导致无人问津，过低则又没有利润保障。

要想通过适当的定价策略来提升顾客平均消费额，我们可以尝试以下三种方法。

（1）组合套餐。将相关联的产品组合到一起，形成套餐，可以帮助我们更好地提升顾客平均消费额。事实上，这也是当前很多店铺都在应用的一种方法。走进肯德基，我们会发现其点餐区通常都张贴着几款推荐套餐的广告图，火锅店有火锅套餐，糕点店有甜品套餐，速食店有炒饭套餐……正确应用组合套餐，能够使顾客平均消费额得到很大提升。

举个非常简单的例子，某快餐店的一份番茄炒饭只需要 12 元，但是该店推出一个组合套餐：番茄炒饭 + 海带汤 + 一个水煮蛋，定价 16 元。顾客本来只需要一份番茄炒饭，但发现只需要多加 4 元就可以多得一碗海带汤和一个水煮蛋。这种情况下，大多数人都会选择 16 元的套餐。该店利用套餐策略，人均消费额很快得到了提升。

组合套餐一般都是主菜品＋小菜（饮料）的形式，在定价时，最简单的方法就是在组合产品的总价上给予一定的折扣。比如某菜品＋小菜（饮料）=28+10=38元，我们可以在此基础上对其进行打八折处理，38×80%=30.4元。为了让折扣看起来更加明显，我们可以再稍加调整，使该菜品价格区间由30~40元降低到20~30元，所以可以在打八折的基础上，再减1元，变成29.4元。

（2）第二份半价。为了促使顾客尽可能多地消费，除了组合套餐以外，餐厅应用比较多的方法还有第二份半价。当然这种方法比较适用于饮料、甜品和小吃，对于主食类产品作用不大，因为主食的饱腹感较强，在已经吃饱的情况下，人们很难再有购买其他食物的欲望。

（3）巧用数字弱化价格。数字的有效利用，可以很好地帮助我们实现弱化价格的目的，前文提到的将30.4元降低到29.4元，应用的就是这个原理。很多店铺在为菜品进行定价时，喜欢用9.9、19.9和29.9这样的数字，虽然这样的设置跟10、20和30差别并不大，但却容易给人造成一种更便宜的感觉。

3. 折扣促销活动

既然顾客消费额是顾客购买产品数量和价格乘积的累计，那么我们就可以利用促销活动刺激顾客增加购买数量。

（1）满减促销。满减优惠券是餐饮行业应用最多的一种促销方式，应用得当能够有效帮助我们提升顾客的消费金额。当然，满减的设置也需要一定的技巧，通常满减的条件要设置在店铺平均消费金额以上。比如，一家烤鱼店的顾客平均消费金额为 68 元，我们就可以将满减金额设置为满 78 元减 6 元。

（2）降价促销。降价的目的更为直接，就是以给顾客提供优惠的方式直接提升顾客的消费量。特别是对于那些价格弹性较大、存在一定利润空间的菜品，我们可以通过降价促销的方式激发顾客的消费欲望。

（3）买赠活动。事实上，这是一种另类的降价促销，我们可以在保持某一菜品原价的基础上，赠送另一道菜品，以此来增加菜品销量。这种促销方式常见于新品的推出促销，或者处理一些价格低但毛利高的菜品上，比如多加一元便可以赠送一碗鸡蛋汤。

4. 就餐人数

顾客消费额除了可以通过顾客消费数量乘以产品价格的方式来计算，还有一种计算方法，就是用消费总额除以就餐人数。除了自助餐厅客单价是大致相同的以外，其他餐饮企业的客单价和就餐人数都有一定关系。在就餐人数相同的情况下，我们要尽可能提高其消费总额，以此来增加顾客平均消费金额。

比如在顾客点菜时，服务员可以顺便推荐一下："我们店的某某菜品正在打折促销，几位要不要尝一下？"这样，可以无形中增加顾客的消费总额，从而提高顾客平均消费额。

当然，在提升客单价的同时，我们也要考虑客单价的提升与顾客优质体验的平衡。其实顾客在进店消费之前，都会根据店铺的装修风格、口碑评价等客观因素，形成一个初步的心理预期，而这个心理预期与客单价的落差会直接影响顾客的消费体验。比如，很多人在进店消费之前，都会通过大众点评、口碑网等平台查看商家的口碑和人均消费。如果一家店铺的人均消费是 50 元，那么消费者在查看后，也会根据价值 50 元的心理预期，对店铺的产品和服务产生预期需求。在这种情况下，真实客单价如果超过了消费者的心理预期，但产品和服务的质量并没有达到相应的水平，消费体验自然会下降。

所以，餐厅在提升客单价的同时，也要兼顾消费者的心理预期，在提高消费价格的同时，要注意餐品和服务质量的打磨，也可以通过环境的设置、附加价值的提升来确保客单价提升，顾客依然可以获得良好的消费体验。

根据公式：门店营业额 = 客流量 × 客单价，我们可以从提升客流量和客单价两方面入手提升门店营业额。其中，PPFC 公式的前三个因素都是为了增加店铺客流量，只有最后一个因素是在客单价上下功夫。需要提醒大家注意的是，客流量的提升通常不会对客单价造成太大影响，但是提升客单价需要产品价格的提高，而价格的提高会降低客流量，所以作为餐饮经营者，我们应该优先考量提升客流量的方法。

利用 PPFC 方程分析经营状况

在前文，我们已经对 PPFC 方程进行了深入细致的学习，了解了 PPFC 分析是最适合餐饮企业分析营业额的方法。它可以帮助餐饮经营者从商圈的人口数量、店铺的渗透率、顾客进店的消费频次和平均消费额四个方面有针对性地找出餐饮企业存在的不足之处，并依次解决，从而进一步提高营业额。因此，对于餐饮经营者而言，它是最重要的、不可不学的一种分析餐厅经营状况的方法。

现在我们通过两个真实餐饮门店的数据对比，来分析 PPFC 分析法具体的优势在哪儿，同时帮助大家更具体地理解这种方法的实际应用。

A、B 是两家餐厅，上个月，A 的营业额是 88000 元，B 的营业额是 80000 元。如果仅从月营业额来比较，A 餐厅的经营状况明显优于 B 餐厅。

营业额可以通过人数乘以平均消费额来得到，即 Sales（营业额）=TC × AC。如果用这个方程对 A、B 两家餐厅的月营业额进行分解，我们可以得到以下数据（见表 1–1）。

表 1–1　A、B 餐厅数据对比

	A 餐厅	B 餐厅
Sales（月营业额）/ 元	88000	80000
TC/ 人	4000	4000
AC/ 元	22	20

从表 1–1 中我们可以看到，上个月，A、B 两家餐厅的进店消费人数是相同的，但 A 餐厅的人均消费额要高于 B 餐厅，所以在该方程的帮助下，我们可以得出结论：A 餐厅的月营业额高于 B 餐厅的原因是 A 餐厅的人均消费额更高。从这个角度来看，依然可以得到 A 餐厅的经营水平优于 B 餐厅的结论。

事实真的如此吗？在对两家餐厅所在商圈的具体情况进行调查之后，我们会发现实际情况并非如此。如表 1–1 所示，我们将 A、B 两餐厅所在商圈的人口数据进行对比，可以看到，A 餐厅所在的商圈人口数量比 B 餐厅更多，A 餐厅周围的客流量更大，所处地理位置更有优势。

通常而言，在餐厅门店可以服务的范围内人数更多的情况下，进店消费的人数也应该更多，但是在表 1–1 中，A 餐厅和 B 餐厅的 TC（人数）却是相等的。A 餐厅在拥有 20000 个商圈人口数量的情况下，进店消费的人数竟然与只拥有 10000 个可服务对象的 B 餐厅一样同为 4000 人（见表 1–2）。这样一来，我们还能判定 A 餐厅的经营优于 B 餐厅吗？

表 1–2　A、B 餐厅数据对比

	A 餐厅	B 餐厅
Sales（月营业额）/ 元	88000	80000
TC/ 人	4000	4000
AC/ 元	22	20
Population（人口数量）/ 人	20000	10000

很明显，仅用人数和平均消费额来判断经营好坏的方法有很大的局限性和片面性，难以在真正意义上帮助餐饮经营者获得更加准确的数据，做出更准确的判断，以及制定最合适的增收策略。如果引入 PPFC 方程，情况就大相径庭了。

在 PPFC 方程中，通过对人口数和渗透率数据进行分析，可以明确餐饮企业在消费者群体当中的知名度和品牌影响力（见表 1–3）。

表 1–3　A、B 餐厅数据对比

	A 餐厅	B 餐厅
Sales（月营业额）/ 元	88000	80000
TC/ 人	4000	4000
AC/ 元	22	20
Population（人口数量）/ 人	20000	10000
Penetration（渗透率）	10%	20%

餐厅门店在消费人群中的地位能够通过渗透率来展示，品牌知名度越高，门店就越受欢迎，消费者就更愿意自主地为品牌做宣传，从而为餐厅赢得新的客源。从表 1–3 中可以很直观地看到，A 餐厅的渗透率只有 B 餐厅渗透率的一半，即在消费人群的心目中，B 餐厅更有存在感，而且口碑更好，人们在有用餐需求时，在脑海中出现的第一选择将是 B 餐厅。从这个角度出发，其实 B 餐厅的经营水平是高于 A 餐厅的。

当然，PPFC 方程的存在，并不只是为了对比餐饮企业的经营优劣，也为了帮助餐厅精确发现自己在经营中的漏洞，及时查漏补缺，从而达到提升收益的目的。还是以前面提到的两家餐厅为例，从对比结果来看，A 餐厅在经营上还有待提高，但具体哪些环节还需要提升呢？我们可以通过对 PPFC 这四种因素的数据分析来明确。

我们可以将 A、B 两家餐厅的 PPFC 数据进行对比罗列（见表 1–4）。表 1–4 中的数据表明，A 餐厅是有足够的客流量的，但与庞大的商圈人口相比，门店的渗透率、顾客消费频次，以及顾客平均消费额都存在一些问题或者隐患，所以餐厅经营者可以从这三个方面制定营销策略。

表 1–4　A、B 餐厅数据对比

	A 餐厅	B 餐厅
Sales（月营业额）/ 元	88000	80000
Population（人口数量）/ 人	20000	10000
Penetration（渗透率）	10%	20%
Frequency（消费频次）/ 次	2	2
Check（平均消费额）/ 元	22	20

要提高渗透率，就必须提高餐厅吸引新顾客的能力，可在门口标示出菜单和最新的商品促销活动等。要提高顾客的消费频次，就要让顾客有再次回到门店消费的欲望，餐厅可以设计消费赠券，让顾客再次进店消费时能够享受优惠。要提高顾客平均消费额，餐厅可以对菜单进行改革，如第二份半价、多加几元能够享受一份精致的小吃等。

第二章

重视外卖业务

如今，伴随互联网的飞速发展，我国外卖订餐行业呈现爆发式增长，以美团、饿了么为代表的外卖平台给一大批传统餐饮企业带来了不小的冲击，越来越多的餐饮企业开始意识到开展外卖业务的重要性。“互联网 +”是一把双刃剑，如果利用得当，将会成为餐饮企业的一笔重要财富，反之，则有可能加速企业灭亡。本章我们就将重点介绍外卖运营，教大家如何从零开始搭建外卖运营体系，切实让外卖业务成为餐厅提高营业额的有效渠道。

读懂平台规则，增加曝光率

2018 年，美团点评联合“餐饮老板内参”发布了《中国餐饮报告 2018》，其中提到 2018 年中国餐饮行业总收入已经突破 4 万亿元，在日益增长的餐饮消费需求之下，外卖的蓬勃发展最为引人注目。仅以美团一个平台来看，2018 年，美团外卖收入 2828 亿元，同比增长 65.3%，呈现了强势的增长势头。

而对于餐饮企业来说，在这个追求快餐式生活的时代，随着消费者对于便捷餐饮消费需求的增长，单纯依靠堂食已经不足以留住顾客。在这种情况下，外卖渠道的存在就显得尤为重要。

目前，餐饮企业大都是通过与外卖平台合作来提供外卖服务，主要的平台有两个，美团与饿了么。商家可以使用自己的个人信息与店铺的工商信息在平台上注册店铺，然后进行店铺“装修”、菜单设计以及细节处理。这些工作完成后，商家的外卖店铺就可以正式营业了。一家外卖店最好的发展状态是，高曝光率，高自然排名，高流量，高进店率，这样自然能够为其创造高销量。当前，借助外卖平台力量是绝大多数餐饮品牌实现自身外卖业务拓展的不二选择。值得一提的是，各个平台都有自己的规则和相应的扶持计划。要想提升店铺的曝光率，首先，我们就要对平台相应的规则有所了解并加以合理利用。

接下来，我们就以美团、饿了么为例，对平台排名因子和流量入口进行详细解析，以帮助广大外卖经营者更好地保持流量稳定，提升店铺曝光率。

在排名规则上，美团和饿了么有很多相似的地方，无论是美团还是饿了么，平台上的店铺排名都讲究“千人千面、千时千面、千地千面”，即根据人物、时间以及定位地点的不同会发生相应的改变。平台会根据用户的浏览和下单记录，并结合下单时间和所属地域具体情况为其推荐最有可能偏爱的店铺，以此来优化用户体验，提高用户的进店率和下单率。

也就是说，平台的排名并不是一成不变的，而是随时都在变动。这种变动也并非无迹可寻，在排名规则上，两个平台都存在一些参照的排名因子。这些因子直接决定了店铺权重（平台对店铺的评分），店铺权重越高，店铺排名越靠前。下面，我们就分别对两个平台的排名因子进行相应解析。

1. 美团

影响美团外卖的排名因子有很多，这里我们主要介绍店铺销量、优惠活动、异常订单和顾客评价（见图 2–1）。

（1）店铺销量。对于外卖平台来说，自身的获利与店铺的经营效果直接相关，店铺获利越多，平台赚取的佣金自然也就越多。但平台上的流量是有限的，为了实现流量价值的最大化，平台通常会给予优质店铺更多的流量和更高的排名。那么外卖平台是如何衡量店铺的优质程度的呢？说到这里，我们需要明确一个平台规则，那就是流量价值指标＝曝光 × 进店率 × 下单率 × 客单价。

店铺销量

- 近三天的订单量
- 近一小时的订单量
- 下单转化率
- 客单价
- 流量价值指标

优惠活动

- 满减力度、满减档数
- 会员红包
- 减配送费活动
- 津贴联盟
- 其他活动

异常订单

- 超时出餐
- 商家原因取消订单
- 配送延迟订单
- 用户投诉订单

顾客评价

- 用户评分量级
- 点评高分店铺
- 送餐时长

图 2–1　美团外卖平台主要排名因子

从这个公式不难看出，如果给予进店率、下单率和客单价较高的店铺更多的流量，转化成有效曝光，店铺就可以为平台创造更多的收益。所以，平台在决定店铺排名的时候，会重点关注店铺的进店率、下单率和客单价这三方面的数据。

进店率与下单率，通常是通过销量数据体现的。所谓销量，顾名思义，就是店铺在一段时间内的销售情况。在曝光量等同的前提下，销量越高，店铺的进店率与下单率自然也越高，这样的店铺通常会获得较高的排名。但需要提醒大家注意的是，因为餐饮消费充满各种各样的不确定性因素，所以平台考察的销量数据并不是指店铺近 30 天的销量，而是近三天的销量。而且三天的销量只决定一个大致的排名范围，真正体现在用户的界面上，平台还会额外考察近一个小时的店铺销量，用上一个小时的销量决定店铺现在的具体排名。

在店铺销量等同的情况下，客单价更高的店铺获取的最终收益也更多，平台赚取的佣金也越多。所以，在销量类似的基础上，客单价高的店铺能够获得更多的流量和更高的排名。

至于后续的优惠活动、顾客评价、异常订单等因素对店铺排名的影响，其实都是通过对店铺的进店率、下单率、客单价的影响间接实现的。

（2）优惠活动。店铺参与的优惠活动也会对店铺排名造成影响，平台的主要优惠活动有满减、满返活动，满赠活动，新客立减活动，会员红包活动，折扣活动，减免配送费活动等。通常情况下，店铺参加的优惠活动越多，店铺排名越容易靠前；店铺活动力度越大，店铺排名越容易靠前。因为活动数量越多，店铺对用户的吸引力就越强，相应的进店率和下单率也会越高。当然，活动的数量只是与店铺的排名相关，但活动效果并不是活动越多越好，而是越直接越好，顾客感知越大越好，这样顾客才更容易被影响而产生消费欲望。同样的道理，店铺活动门槛越低，对进店率和下单率的提升意义越明显，店铺排名越容易靠前。在同一门槛的前提下，活动优惠力度越大，店铺的排名越靠前。

我们要注意，虽然满减活动是过去和现在外卖店铺主要的优惠活动，但从现在来看，由于外卖平台对用户体验的关注度日渐提高，所以单纯从价格上吸引用户已经不再是平台追求的。也正是因为如此，在店铺排名影响因素中，满减活动的权重正在逐渐下降，而一些强调菜品质量的活动的权重正在提升，所以商家在选择优惠活动的时候，应该擦亮眼睛，选择符合自身店铺具体情况的活动类型。

说到这里，我们要再次强调优惠活动其实是通过对进店率和下单率的影响来干预排名的，不建议设置一些虚假的高额满减。比如，很多商家会在店铺中设置“5 减 5”、“5 减 4”甚至“50 减 49”这样的大额满减，用来吸引用户进店，但实际上，店铺内的商品要么价格虚高，要么都是小额折扣，根本无法满足满减的需求。这样的虚假宣传，不仅对实际的下单率没有促进作用，还会降低排名。

（3）异常订单。这里主要是指非顾客原因引发的异常订单，包括漏单、错单、拒单、催单、超时接单、配送延迟等情况。这些不仅严重影响顾客体验，给店铺形象带来不良影响，还直接影响店铺在平台上的排名。

为了避免这些异常订单的出现，我们应该熟悉平台提供的一些功能软件，比如自主接单等。还要在大型促销活动前以及下雪、下雨等异常天气时做足准备，增加临时人力，遇到意外情况要提前和顾客进行沟通。

（4）顾客评价。顾客评价也是美团外卖的一个重要排名因子，好评越高的店铺，平台排名越靠前。因此我们一定要重视对顾客评价的管理，及时回复顾客，尽可能避免出现差评。

此外，送餐速度也是影响店铺排名的一个重要因素，大众点评的高分店铺也对提高店铺排名有所帮助，店铺的标签和活动入口的推荐，都可以帮助店铺实现较大程度的曝光，为店铺带来不错的流量。

店铺排名直接决定了店铺在平台上的曝光程度，因此学会提升店铺排名是所有外卖经营者的必修课。要想有效提升外卖营业额，每一个外卖经营者都要对平台上的规则进行仔细分析，以给自己的店铺创造最大的曝光量，获取足够的流量。

找到平台的流量入口

与线下经营相同，客流量是线上店铺非常关键的资源，它是订单的来源。因此要想提高店铺销量，仅知道排名规则还不行，还要知道顾客怎么来，流量入口自然是连接店铺和顾客的关键。流量入口不同，引流方式也有所区别，掌握各大流量入口，可以帮助我们快速提高进店人数。接下来就让我们一起认识一下外卖平台的几个重要流量入口，了解流量入口的一些具体功能和规则。

仔细观察，我们不难发现各外卖平台的流量入口其实大致相同。下面，我们就以饿了么为例来简单了解一下 5 个主要的流量入口。

1. 搜索入口

搜索入口通常位于平台的最上方，该入口又可以分为搜索框、历史搜索以及搜索发现（热门搜索）三个部分，顾客可以通过这个入口来搜索自己想要寻找的店铺或菜品（见图 2–2）。

图 2–2　饿了么与美团的搜索入口

通过搜索查询的顾客往往需求明确，如果我们能够对这一功能加以合理利用，提高被顾客搜索到的概率，就可以有效提升顾客进店率。我们可以通过分析顾客的搜索习惯，对店铺名称和菜品名称进行适当优化。

通常顾客在搜索时习惯于直接搜索店铺名称、菜品名称或点击热门搜索的关键词。被直接搜索店铺名称的店往往已经具有一定的知名度。如果你开的是大品牌的加盟连锁店，最适合的命名方式便是品牌名（所处地区＋店），比如曼玲粥店（国贸店）。

对于大多数缺乏知名度的店铺来说，更应该学会抓住顾客的两种搜索习惯，对自己的店铺加以调整。店铺名称的选取要避免使用生僻字，最好与品类相关联，最经典的方式便是直接用店铺名称＋品类的方式，比如“老潼关肉夹馍”“四有青年米粉”等。这样当顾客搜索品牌名称时，你的店铺就会出现在较靠前的位置。

同样，菜品名称的选取也要尽量大众化，以提高被搜索到的概率，比如鸡蛋汤就叫鸡蛋汤，不要叫“云遮月”“青春年华”等让人不知所云的名称。即使套餐的设定，也要记得尽可能使用“菜品名＋单人餐 / 双人餐”的方式。

此外，为菜品添加商品标签也可以有效提升搜索排名。把菜品的食材、做法写进商品标签，这样只要顾客搜索标签包含的关键词，就可以看到我们的菜品。

2. 品类导航入口

根据顾客的消费习惯和菜品属性，平台会将商品分成相应的类别（见图 2–3），这样顾客可以根据自己的需要快速查询自己所需要的店铺和产品。

图 2–3　饿了么与美团品类导航入口

在每个品类中，平台都会根据相应的排名规则对店铺进行排序，越是优质的店铺排名越靠前。品类导航入口也是一个巨大的引流入口，所以我们一定要注意对这个入口的正确使用。在进行菜品分类时，一定要谨慎，避免由于品类选择错误造成流量的流失。比如你的店铺主营包子，品类就应该选择“包子粥类”，而不能选择“米粉面馆”。

3. 优惠专区（营销活动）入口

这一入口是专门为参加优惠活动的店铺设立的，是某一段时间内自建活动和参加平台活动店铺的集合（见图 2–4）。该入口也呈现出“千时千面、千地千面”的特点，即不同时间、不同地点其所展示的活动是不一样的。

图 2–4　饿了么与美团优惠专区入口

该流量入口对于新店来说很重要，它可以使得新店在短时间内获取较多的关注，所以我们一定要尽可能地多创建一些活动或者参加平台策划的活动。平台在推出活动时，往往会向符合条件的店铺发出邀请，合理地利用这些资源，对于店铺获取流量，提高顾客进店率非常有利。

4. 活动海报入口

活动海报入口，简单来说就是平台为有需求的店铺设立的广告位（见图 2–5）。

该入口的海报可以分为免费和付费两种。免费海报主要是指由平台策划的主题性活动会主动邀请一些符合条件的店铺参加，相反，如果是店铺自己有展示的需求，则需要根据曝光次数向平台缴纳相应的费用。

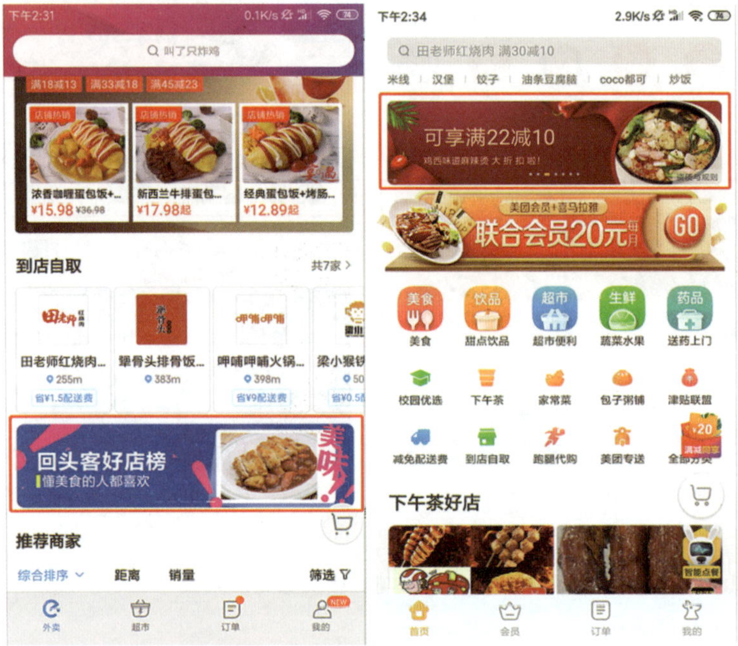

图 2–5　饿了么与美团活动海报入口

活动海报入口所处位置往往较为醒目，因此其拥有较高的曝光量，但是进店转化率却并不是十分理想，因此该入口更适合一些拥有较强实力，需要扩展知名度的品牌商家，对于单纯想要增加销量的小店铺而言，它并不是理想的选择。

5. 推荐商家入口

相关调查显示，推荐商家通常是平台最大的流量入口（见图 2–6）。

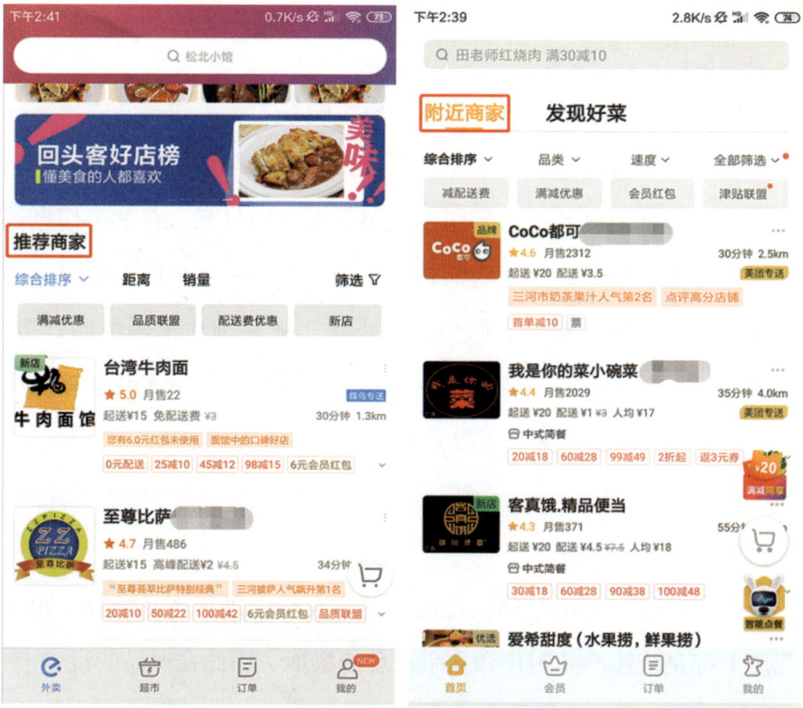

图 2–6　推荐商家入口

该入口也呈现出“千人千面”的特点，平台会通过分析顾客的消费习惯将其所处位置附近的商家进行排序。其中，顾客购买、搜索以及给过好评的店都会出现在比较靠前的位置。因此，店铺在经营过程中一定要注意做好顾客维护工作，以尽可能多地获取展示机会。

事实上，为了更好地帮助店铺提升营业额，各外卖平台都提供了很多便利条件，我们要做的就是对这些便利条件进行充分利用，了解平台每个流量入口的具体规则，从而有针对性地投入资源，以吸引更多的用户关注店铺，从而提升顾客进店率。

提升顾客下单量的 4 个方法

与线下不同，对于线上店铺，由于顾客无法直接感受店内实景和服务，只会通过短时间的浏览进行相应的选择，所以我们需要做的就是在顾客浏览的那一瞬间迅速留住顾客的目光。在这个信息越来越碎片化的时代，外卖店铺要想在众多竞争对手中脱颖而出，第一时间抓住顾客的眼球，吸引顾客下单，就必须注重颜值的打造，也就是说，要在店铺“装修”上下功夫。所以，接下来我们就从店铺“装修”方面来了解一下提升下单转化率的 4 个方法。

1. 产品

任何时候产品都是第一位的。顾客在线上进行产品选择，很大程度上都是依赖产品图片和文字信息的摄取，因此在产品的设置上，我们必须格外用心。

（1）菜品分类。菜品分类一定要清晰明了，要让顾客能够一目了然，以帮助顾客迅速做出选择。菜品类别不宜过多，一般以 5~8 个为最佳（见图 2–7）。

（2）菜品图片。中国人评价一道菜品优秀讲究“色相味俱全”，色是排在第一位的，而菜品图片是店铺向顾客传递菜品信息的第一个途径，也是最重要的一个途径。优秀的菜品图片往往能够直接勾起顾客的食欲，从而引发顾客下单，菜品图片对于下单转化率的提升有极为关键的作用。

一张合格的菜品图片一定要清晰完整，要色彩鲜明，要尽可能真实地向顾客展现出食物的诱人之处，尽可能不要出现除菜品餐具和品牌元素外的任何文字。下面，向大家介绍 6 个拍摄菜品的小技巧。

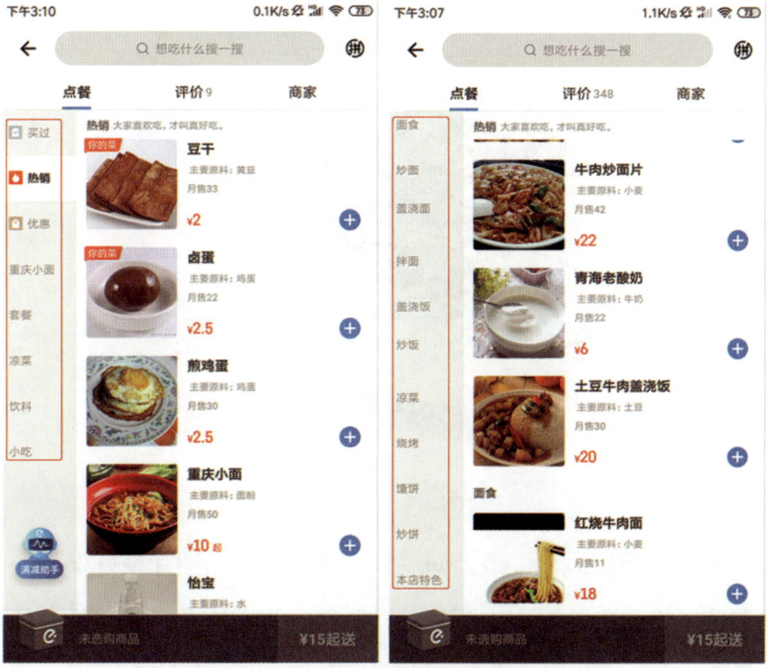

图 2–7　菜品分类要尽可能清晰明了

第一，菜品图片一定要真实。建议在对菜品进行实物拍摄时，不对图片进行过多美化，以免由于实物和图片偏差过大，给顾客带来不良体验。

第二，要确保突出主角。在对菜品进行拍摄时，除了必要的食物、餐具，还有一些必要的点缀装饰道具外，要尽可能避免其他物品入镜。特别注意不要让配菜和饮料等抢了主角的风头。

第三，学会适当留白。上面强调突出主角并不是要求所拍摄的食物完全填满整个画面，相反，适当留白有时反而更容易突出重点。当然，这里所说的留白并不是纯白，而是增加一些造型简单的白色磁盘、花色纯一的桌布等（见图 2–8）。

图 2–8　适当留白

第四，确保风格一致。同一家店铺中的菜品图片最好保持一致的独特风格，这样既可以增加品牌感，又可以避免顾客怀疑图片的真实性。在具体操作时，我们可以在拍摄时利用同样风格的餐具，摆盘布局和色彩搭配也都保持一致，还可以在图片中放上品牌的 LOGO。

第五，注意拍摄角度。要想让菜品图片显得真实诱人，最好的方式就是在拍摄时模仿顾客用餐时看到食物的角度。拍摄时尽量离菜品近一些，把注意力放在菜品最具吸引力的地方；尽量从侧面拍，不要从上面拍，避免手机、相机在菜品上留下阴影。

第六，适当美化。经过专业美化的菜品图片往往显得更诱人，更能够激起顾客下单的欲望。

（3）菜品描述。简单突出的重点描述也有助于帮助顾客在短时间内对我们的产品有一个初步了解，从而提高下单转化率。

菜品描述不能过于随意，各菜品的名字风格要一致，尽量做到简洁清晰。在描述清楚菜品主要原料的基础上，还可以加一些特殊说明，比如“这款套餐比较适合饭量小的女生哦”“这道菜有一点辣，不喜欢吃辣的人请慎重”……此外，最好能够形成自己独特的风格，要么让语言幽默诙谐，让人忍俊不禁；要么言语暖心，让人温暖感动；要么文采了得，引人入胜……总之，一定要有自己的特点。

在完成以上设置后，我们还可以给菜品设置类似“老板推荐”“新品”这样的标签，以此提高店铺菜品的下单转化率。需要注意的是，如果你之前关联了大众点评，“网友推荐菜”也会在此显示。

2. 店内横幅广告

店内横幅广告一般位于店铺名称下方、产品介绍上方（见图2–9）比较显眼的位置，其主要作用为介绍菜品、突出品牌以及产品营销。

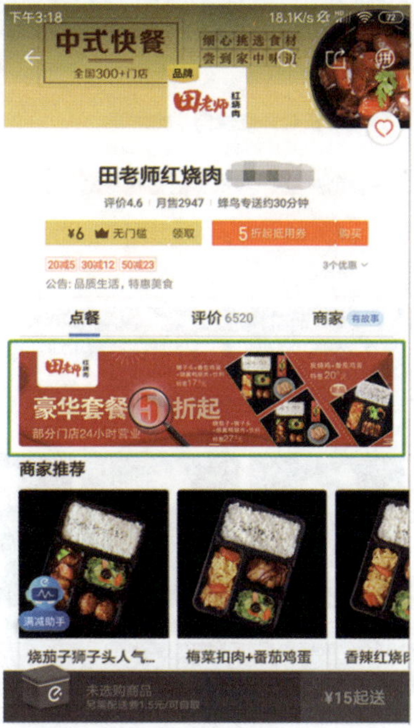

图2–9　店内横幅广告

那么，怎样才能算是合格的店内横幅广告呢？好的店内横幅广告不仅能够成功吸引顾客注意，展示品牌特性，还能够对店铺菜品进行推销，起到广告宣传的作用。我们还可以借助该板块推出一些有意思的活动，以此来加强顾客对品牌的认知，吸引顾客下单。

要想设计出优秀的店内横幅广告，让其真正发挥作用，在设计之前，我们就应该明确设计的目的，是为了新品宣传？还是针对某一节日的专题活动（见图 2–10），或单纯为某一产品做促销？设计目的直接决定了横幅广告的风格。了解了设计目的，我们还要构想出宣传方案，这样在设计横幅广告时可以提前留白，避免后期空间和布局与文案不匹配，还可以根据文案寻找设计灵感。

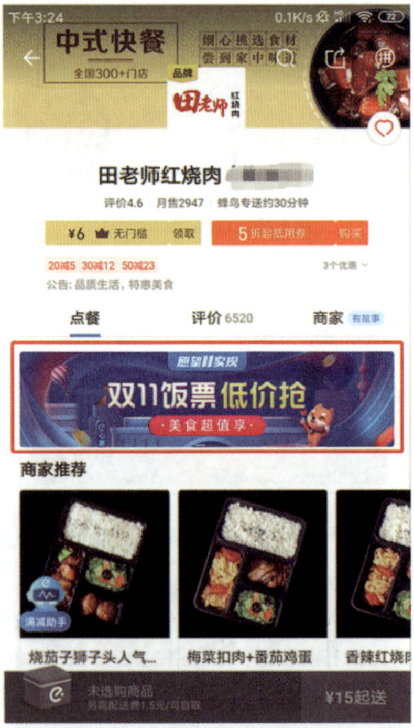

图 2–10 田老师双 11 活动店内横幅广告

3. 招牌菜与店铺背景

招牌菜，顾名思义，就是最能代表店铺品牌特色，或者最受顾客好评，最容易吸引顾客下单的菜品。如果你的店铺已经经营一段时间，具有一定的销量，招牌菜的设置可以选择智能模式，这样平台自然会将好评最多的菜品排在前面。如果你的店铺刚刚营业，还没有销售基础，就可以选择手动模式，对招牌菜品进行相应推广，以缩短顾客决策时间，促其迅速下单。

店铺背景的设置要在突出品牌核心精神的基础上尽量做到简单明了，背景颜色的选择要以能够让顾客清楚了解公告和印象墙为主，公告字数不宜过多，越简洁，越容易让顾客在短时间内掌握店铺动向。

4. 品牌故事

无论是美团外卖，还是饿了么，顾客都可以通过点击“商家”按钮来了解品牌故事（见图 2–11）。故事的呈现方式可以采用文字、图片以及视频等多种形式。

适当的故事营销能够加深顾客对于品牌的了解，更好地占领顾客心智。好的品牌故事能够吸引顾客的注意力，并且让顾客和品牌产生情感共鸣。在情感的维系下，品牌将获得更高的顾客忠诚度。可以说，品牌故事的打造是宣传品牌文化、营造店铺氛围，从而吸引顾客下单的一个重要通道。

那么，品牌故事应该怎样写才能打动消费者呢？其实很简单，只需要我们能够从顾客的角度考虑问题，尽可能地拉近与顾客的距离。品牌故事与顾客越接近，越容易赢得顾客的情感共鸣，越容易实现品牌宣传、吸引顾客的目的。

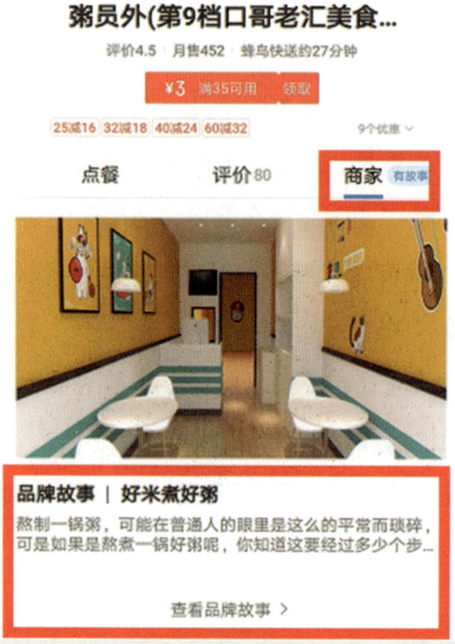

图 2–11 品牌故事

举个例子，太太好粥的品牌故事就从当代都市人生活压力大、追求健康等多个角度拉近了品牌与顾客的距离，并强调了顾客的关注点：一碗健康、营养、美味的粥需要时间去熬制（见图 2–12）。

店铺的“装修”代表的是一个店铺的风格、口味，好的店铺“装修”不仅能够给顾客带来良好的视觉体验，还能帮助顾客进行选择，短时间做出下单决策，起到有效提升下单转化率的作用。同样的两家店铺，在价格、品质等其他条件没有太大差别的情况下，店铺“装修”效果良好的店铺往往更容易赢得顾客的青睐，因此我们一定不要轻视店铺“装修”工作，要学会从各个细节入手，做好每一步。

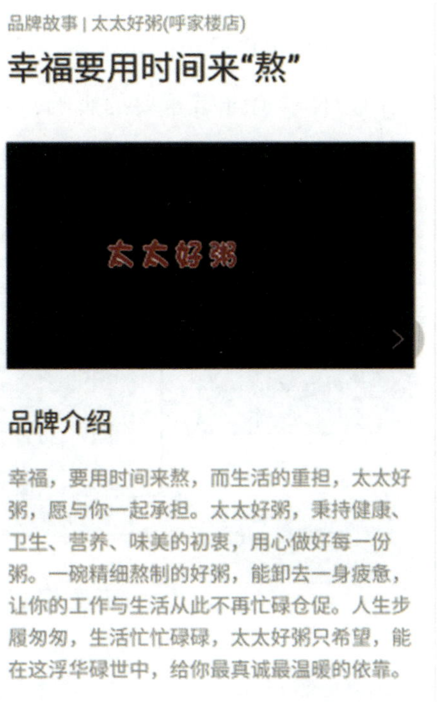

图 2–12　太太好粥的品牌故事

维护好老顾客，才能持久赢利

除了要想尽办法吸引新顾客，提升店铺转化率，我们还要做好老顾客的维护工作，增加顾客忠诚度，提升复购率。要知道，获得一个新顾客的成本要远远高于维护一个老顾客，而且老顾客还可以免费为店铺进行宣传，提升店铺的知名度。从某种程度上说，老顾客才是外卖店铺持久赢利的基础。

因此，老顾客的维护是一件非常重要的工作。那么，我们到底应该如何维护老顾客，让其成为店铺的忠实粉丝呢？我们可以从升级配送服务和搭建五星售后体系两个方面入手。

首先，对于老顾客我们可以升级配送服务。对于外卖而言，配送速度和服务对于用户体验有非常重要的影响，要想树立良好的品牌形象，加深顾客印象，我们就必须在配送方面下功夫（见图2–13）。

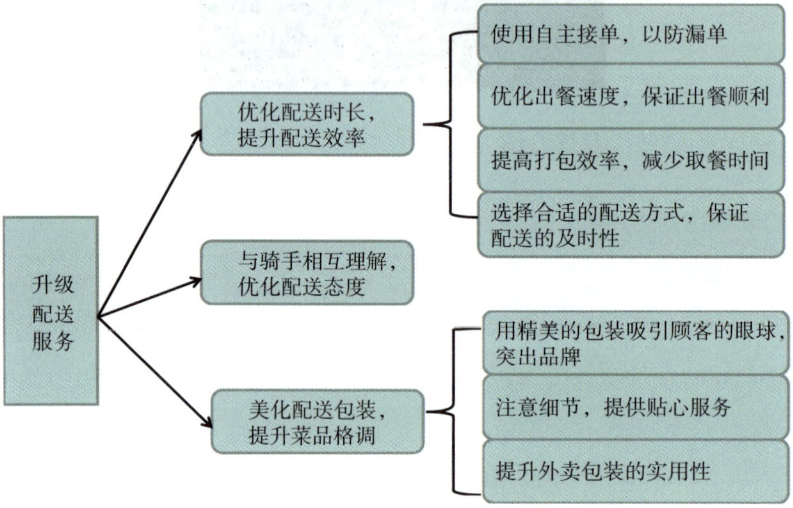

图 2–13　升级配送服务

1. 优化配送时长，提升配送效率

影响配送时长的因素有很多，包括店铺接单速度、出餐速度、打包效率以及骑手的配送速度等，我们要关注每一个细节，以实现对配送时长的优化。

（1）使用自主接单，以防漏单。当前，大多数外卖平台都为外卖店铺提供了自主接单服务，该功能可以帮助我们对顾客的订单进行及时处理，有效避免漏单，大大提升接单效率。

（2）优化出餐速度，保证出餐顺利。出餐速度直接影响了配送效率，如果无法保证按时出餐，就为骑手配送带来了很大的压力，很难保证餐品能够准时送到顾客手中。所以我们要及时做好准备工作，根据每天的销量情况提前备菜，节日促销、产品活动等销量较高的特殊时期，要及时增加人手，避免由于人手不足而造成的出餐不及时，同时还要尽量保证出餐动线的高效，节省出餐时间。

（3）提高打包效率，减少取餐时间。不要小看打包工作，其直接影响取餐时间。为了更好地提高打包效率，我们可以选择饭菜分离式包装，这样可以提前将主食进行包装；还要注意不要使用过于复杂的包装，以免浪费打包时间；还可以根据外卖平台的不同对订单进行分类，同一外卖平台的订单集中放在一个地方，为骑手取餐提供方便。

（4）选择合适的配送方式，保证配送的及时性。配送方式的选择和订单量、配送范围有很大关系，外卖配送方式主要分为平台配送和自主配送。其中，平台配送分为几个不同的类型，商家可以根据自身实际情况，灵活选择配送方式，以确保订单能够及时送到顾客手中。

2. 与骑手相互理解，改善配送态度

和线下餐厅不同，我们无法直接向顾客提供服务，骑手则是我们向顾客传达服务的纽带。骑手态度友好，很容易给顾客留下良好的印象，从而加深顾客对于店铺的好感。反之，如果骑手不能给顾客创造良好的体验，则会直接拉低顾客对店铺的评价。

因此，在日常工作中，我们要注意处理好与骑手的关系，与骑

手相互理解，尽量为骑手的工作开设绿色通道，与骑手做好沟通工作。你若用心对待骑手，骑手自然也会用心回馈你。

这一点西贝莜面村就做得非常出色，它一直将骑手当作自己的一员，一直很注重对骑手的关怀工作。即使骑手因意外损坏了餐品，它也会适当为骑手提供一些补助。这种行为让骑手感到非常暖心，在为西贝工作时往往也会更加认真负责。

骑手在外卖运送过程中，承担着非常重要的责任，所以我们要对骑手多一点理解和关怀。很多时候，一句简单的问候、一杯热水就可以让其感到暖心。

3. 美化配送包装，提升菜品格调

外卖包装不仅仅可以作为盛放食物的工具，还承担着提升餐品格调和用户体验，进行品牌宣传，从而提升店铺复购率的责任。一个好的外卖包装不仅外表要精致美观，还要确保配送过程中餐品的安全和口感，同时保证店铺 LOGO 要醒目。

（1）用精美的包装吸引顾客的眼球，突出品牌。爱美之心，人皆有之，精美的包装往往更容易吸引人的注意力，让人感到心情愉悦。我们还可以在包装上突出店铺的 LOGO，以达到品牌宣传的目的。

（2）注意细节，提供贴心服务。细节决定成败，其实外卖包装上可供我们发挥的地方很多，我们可以切身从顾客利益出发，用一些小设计来提高顾客用餐时的便利性。比如一些口味较重的菜品，可以在包装中放置一颗糖，帮助顾客饭后去除口腔中残留的气味；在包装盒中留出放置调料的地方，避免不小心将调料洒掉……这些

小设计都很简单，但是却能够让顾客感到贴心，增加对品牌的好感度。

（3）提升外卖包装的实用性。任何时候，对于外卖包装而言，保证配送过程中食物的完整性，并保证食物的口感都是第一位的。这就需要我们根据产品品类，选择合适的材料作为包装，比如对温度有较高要求的烧烤类产品，我们可以采用锡纸类包装；而对于包子、馒头类的面食，我们在选择包装时就要注意以透气为主，以防止食物塌皮……

除了加强配送管理，我们还要注意加强售后服务，搭建五星售后服务体系（见图 2–14），及时解决顾客反馈的问题并提供贴心服务，加强顾客对店铺的好感度，从而增加顾客复购率。

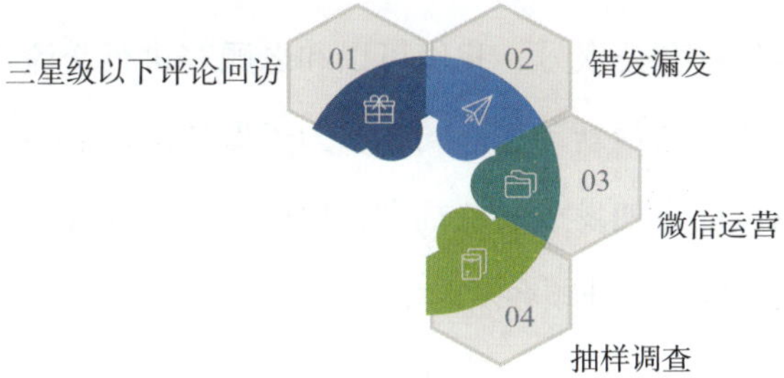

图 2–14　搭建五星售后服务体系

1. 三星级以下评论回访

用户评论是顾客对店铺印象最为直接的反馈，所以日常我们一定要注意加强评论的管理工作。特别是对于那些不太好的评论，要找到造成顾客不满意的原因，然后从根本上进行改进。因此，对于店铺三星级以下的评论，我们应该及时进行回访，了解并帮助顾客解决问题，给顾客创造良好的售后体验。

2. 错发漏发

错发漏发会给顾客带来很大不便，从而严重影响店铺形象。因此，当这种情况发生时，我们不要逃避责任，要勇于承担并及时加以改正，真诚地向顾客道歉。可以及时和顾客进行沟通，用最真诚的语言尽可能得到谅解，然后为顾客调换或补发，还可以适当送一些小礼品或代金券表示歉意。

3. 微信运营

为了与老顾客建立长久联系，我们可以建立相应的社群，微信就是一个很好的沟通工具。我们既可以建立相应的微信群，鼓励老顾客入群，也可以开设相应的公众号，引导顾客关注，加强与顾客的情感联系。

通过微信群和公众号，我们可以和老顾客进行交流沟通，让顾客及时了解店铺的最新动态。同时，为了保证微信群和公众号的活跃性，我们可以定期发放一些福利，比如抢红包和优惠券，以促使老顾客再次消费，提升顾客复购率。

4. 抽样调查

除了进行微信运营，我们还可以不定时进行抽样调查，以收集顾客意见，对菜品和服务加以调整。调查的方式可以通过微信群或者公众号进行有奖问答，也可以在外卖订单中附上提示卡与小礼品，邀请顾客在评论中对产品和服务进行评价。特别是在新品推出时，可以通过抽样调查的方式及时了解用户反馈的情况。

总之，老顾客的维护工作从来都不是一件小事，这需要我们从细节入手，认真做好顾客服务工作，处处让顾客体会到我们的用心，与顾客成功建立情感联系，从而大大增加顾客黏性，使店铺复购率得到极大提高。

利用数据，实现精益运营

伴随外卖业务的蓬勃发展，行业竞争也在不断加剧，这就对外卖经营者的经营能力提出了较高的要求。要想实现营业额的有效提升，持续赢利，我们就必须做好店铺的精细化运营工作。在大数据时代，数据的价值正在日益凸显。数据是最真实的反馈，它可以帮助我们准确挖掘顾客喜好，了解同行产品和运营情况，从而有针对性地对店铺进行优化，实现精益运营。

所谓数据分析，其实就是通过用户数据，提取有用信息，然后进行分析，形成指导性结论的过程。实际上，对于餐饮企业而言，数据分析可以帮助商家在做存量市场的时候，实现费用的最大化；同时也可以在寻找增量市场的过程中，辅助企业快速发现新的市场机会点（见图 2–15）。

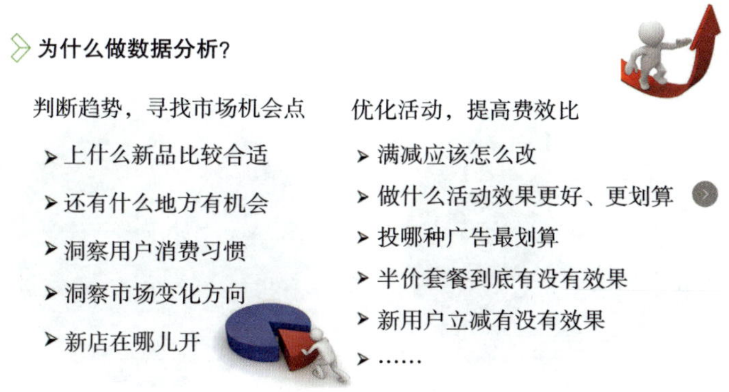

图 2–15　数据分析的作用

这里，我们可以将外卖数据主要分为三个维度：产品销售数据、营销费用数据和顾客数据（见图 2–16）。

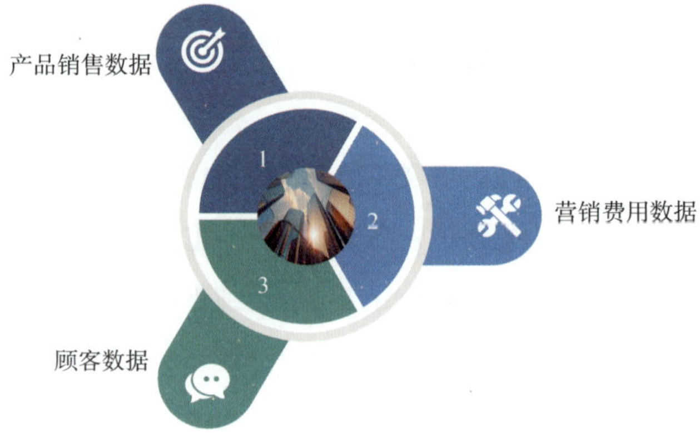

图 2–16 外卖数据的三个维度

1. 产品销售数据

通过产品销售数据，我们可以对顾客的消费习惯进行分析研究，并以此为依据对店铺菜品进行相应调整。比如在菜品迭代时，确定哪些菜品可以去除，哪些菜品更适合参加特价菜活动。我们可以通过产品销售数据快速找到答案（见图 2–17）。

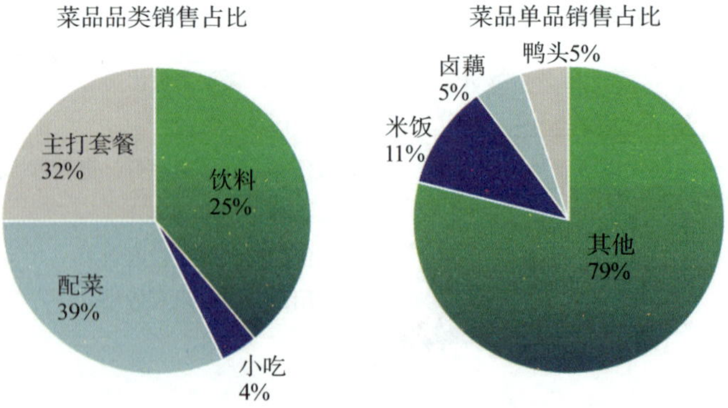

图 2–17 产品销售数据分析

那些销售占比较低的品类，就是需要淘汰或改进的。同时，我们还可以通过销售数据了解同行的哪些菜品比较受欢迎，以便在确立新菜品时有所参考，知彼知己，才能百战不殆。

2. 营销活动费用数据

为什么你的活动做得很火爆，但实际却并不赚钱，甚至还严重亏损？这就是典型的活动投入与产出不成正比。所以我们在设计营销活动时，要对费用数据进行仔细分析，看看该活动一共投入多少费用，店铺销量提升了多少，后续流量是否能够顺利承接，通过投入产出比来精准设计下次活动。

为了更加清晰明了地了解营销活动费用，我们可以将其归纳整理到一个表格中（见表 2–1），该表格包含了每个营销活动实际投入的费用和推广活动结束后的产出值以及相应的投入产出比。在此之前，我们先要明确两个公式：活动产出值 = 曝光量 × 进店率 × 下单率 × 实收客单价，投入产出比 = 活动产出值 / 活动投入费用。

表 2–1　2019 年 8 月某店铺营销活动的投入产出比

营销项目	具体用处以及投入的费用	产出值	投入产出比
特价菜	8 月特价菜——猪蹄共销售 250 份，每份费用 5 元，实际投入费用 1250 元	3000 元（8000 × 10% × 25% × 15）	2.4
大额满减	在 8 月 6 日开展“30–15”“60–30”大额满减活动，当日投入费用 8480 元	18000 元（15000 × 20% × 30% × 20）	2.12
日常满减费用	日常“30–3”“60–6”满减活动 30 天，投入费用 3850 元	7500 元（10000 × 15% × 20% × 25）	1.94

通过这个表格，我们可以直观地看到营销费用的具体应用情况和相应的投入产出比。比值越高，说明该营销活动做得越好，营销费用的附加值越高。因此，如果我们在决定降低下个月的营销费用时，就可以从投入产出比值最小的营销活动入手，利润就会提高。

3. 顾客数据

顾客数据分析工作非常重要，我们可以通过对顾客数据进行分析来发现店铺存在的问题，并加以解决。

（1）店铺评分。店铺评分直接反映了顾客对店铺的满意程度，是我们最应该注意的，特别是差评中反复提及的问题，我们一定要对其足够重视，及时进行调整，以提升顾客体验。

（2）新老顾客占比情况。我们可以选定某个时间段，对店铺的各项数据进行纵向比较，并通过分析新老顾客数据和后台活动偏好数据了解活动偏好的类型，以此不断优化店铺活动。比如某个时间段内，如果新顾客占比明显下降，我们就需要增加一些活动来吸引新顾客，如“新客立减”活动。相反，如果老顾客数量明显减少，我们则需要专门面向老顾客发放一些优惠券，以提升店铺复购率。

（3）少餐、错餐率。这一点直接关乎店铺的服务，如果少餐、错餐率较高，那么店铺就应该认真反思一下自身的工作态度和工作流程，并有针对性地进行改进。

除此之外，非顾客原因异常订单率、差评率等数据都非常值得我们关注，这些都和消费者的体验息息相关，哪一个环节都不容忽视。

做好外卖运营工作其实并非一件非常困难的事情，我们要懂得向那些销量高的店铺学习经营技巧，不断积累经验，把对顾客的服务切实落实到每个点上。只有把顾客的利益放在第一位，餐饮企业才能把生意做得长久。

第三章

玩转线上营销

互联网时代的商业竞争，得流量者得天下。无论线上还是线下，不懂引流无异于坐以待毙。本章为大家详细阐述了大众点评、抖音、口碑、淘宝、高德地图等平台的玩法，了解获取高曝光量的机制后，我们就可以顺利抢占线上流量入口，高效获取线上流量。

大众点评的经营之道

在互联网时代，餐饮企业的营销渠道与过去相比更为多样，线上渠道的扩张尤其明显。很多餐饮企业都开始通过线上营销的方式获取线上流量，以提高自己的营业额。

2018 年中国餐饮行业产业链图谱显示，餐饮行业的线上门店呈爆发式增长的原因就是市场上拥有了全面且系统化的供应链平台、物流平台、支付平台和营销平台等，才能将餐饮商户和消费者进行超强链接，消费者能够从各个渠道接触餐饮商家的信息。因此为了使更多的消费者可以从各个地方看到餐饮店铺的信息，餐饮商家在开展线上营销时必须全渠道覆盖。

开通线上全渠道营销的意义在于，餐饮企业可以通过外卖和团购等线上营销活动获取更多的用户数据，从而根据性别、年龄、地域、消费偏好等信息做出用户画像，再针对用户画像制订精准营销方案，通过打折、满减等营销方式使餐饮店铺被更多的消费者在线上的互联网平台触达，最后实现提升营业额的目的。

除此之外，餐饮企业开展全渠道线上营销和用餐服务有利于改善在餐饮消费时间段相对集中时，高峰期的排队降低消费者的就餐体验和餐厅出品效率的问题。线上智慧餐饮的应用，让消费者“来了就吃，吃完就走”成为可能。

因此，对于餐饮企业而言，开展全渠道线上营销和服务，最大化地获取线上流量是十分重要的。获取线上流量的具体方法，除了第二章介绍的外卖业务以外，还可以通过大众点评、抖音、口碑和高德地图等互联网平台实现。

大众点评是一个独立的第三方点评网站，可以为用户提供商户的信息和餐厅预订等交易服务。它是一个热门的生活信息和交易平台，拥有庞大的流量，用户会通过该平台展示的信息选择餐厅。例如，用户可能因为大众点评上的一条大篇幅的好评而不远万里来到店铺体验，也可能因为一条差评而直接将某个店铺打入冷宫。所以，餐饮企业重视大众点评上的店铺运营对于获取线上流量是很有帮助的，那么，我们应该怎样做好大众点评上的店铺营销呢？

1. 流量获取

其实，从本质上来说，大众点评的作用是帮助餐厅赢得三公里内的竞争，即可以让我们的店铺在三公里的范围内脱颖而出。所以，餐饮企业想要在大众点评平台上打响自己的品牌，首先需要最大限度地获取流量。在具体的流程中，它主要是从美食列表、首页信息流、搜索、霸王餐和必吃榜 5 个流量入口为店铺引流的。

（1）美食列表。大众点评上的排名对于餐饮企业来说非常重要，因为很少有人会耐心地翻到页面的最下方来寻找店铺，基本在搜索完前几个店铺之后，就已经决定到哪家店用餐。

美食列表的排名特点是“千人千面”的，即平台会根据用户在平台上的历史行为（购买、搜索、收藏、点赞、分享和浏览等）记录分析每个用户的消费偏好，再根据这些数据（用户对不同店铺、口味和菜品的偏好）为每个用户展示店铺排序（见图 3–1）。

图 3–1　大众点评美食列表排名示意图

不过大众点评美食列表有“广告位”的存在，在店铺排名列表中，从第三位开始，每隔 4 个会有一个广告位，即 3、8、13、18、23 等，以此类推。对于一些无法在店铺排名上占据优势的商家而言，可以利用这些“广告位”，通过投入一定的成本提高店铺排名。

（2）首页信息流。首页信息流同样也是巨大的流量来源，其形式是将店内食物以图片或视频的形式在用户的首页展现，更能够引起用户进店用餐的欲望。其主要特点与店铺排名基本一致，同样也是“千人千面”，并且具备特定的广告位。唯一不同的地方，是首页信息流的广告位不像美食列表的广告位那么充足稳定，通常间隔七八个位置才会有一个广告位。在相对靠后的位置，就不再设置广告位了。但是，因为在首页，所以即使排名不够靠前，也不够稳定的广告位，也具有较强的曝光引流作用。

（3）搜索。搜索规则即搜索逻辑。当消费者想要享受某个品类的美食时，就可以通过搜索框挑选菜品。如我们在搜索框输入“火锅”，大众点评会从“综合”“内容”和“达人”三个方面向用户推送有关火锅的店铺信息和活动信息等，在“综合”里，用户还能从智能排序、离我最近、人气最高、评价最好、口味最佳、环境最佳、服务最佳以及人均消费的高低等方面挑选最符合自己心意的火锅门店。

在搜索排名规则中，用户最常用的就是在综合性的排名里挑选餐厅，因为里面可供参考的因素有很多，除了“智能排序”和“离我最近”之外，其他的排名因素也可以满足不同用户的不同用餐需求，而这些也需要餐饮经营者重视。餐饮企业必须从人气、口味、环境、服务和评价等方面审视自己的店铺，并有针对性地解决问题，从各个角度提高店铺的排名，最终成为综合性排名靠前的餐厅。

（4）霸王餐。霸王餐是平台为活跃的会员用户提供的福利，会员用户可以凭平台发放的优惠券到商家免费用餐，用餐结束后，会员用户需要针对本次消费行为，根据店铺的环境、产品、服务等维度输出一篇优质的评价内容，作为对霸王餐优惠的反馈。若体验结束后 30 天内不写评价，会影响该会员用户后续的中奖概率。对于商户而言，霸王餐不仅能够帮助门店获取流量，还能够丰富新店的评价页面。顾客使用霸王餐券后写的点评中会标注“免费体验后评价”的标签，计算权重时会以一定权重计入星级，但大众点评不承诺对提升星级有帮助。商家应该根据自身情况，做好成本控制和效果预期，在做霸王餐活动期间要更加注意餐厅的产品、服务和环境，避免花钱“买”差评。

（5）必吃榜。必吃榜是基于大众点评大数据和用户验证综合选出的，是一本受本地和外地食客欢迎的特色菜品、美食街和高性价比餐厅的美食指南。必吃榜包含必吃餐厅、必吃街和必吃菜三个部分，可以为用户提供快速、高效、权威、可信的消费参考（见图 3–2）。

图 3–2　大众点评必吃榜示意图

商户需要重视必吃餐厅的评选规则，从这个角度提高餐厅的影响力。如在保证点评数据公平、真实、可靠的基础上，对菜品口味优中选优，符合用户日常消费，这样才能提高用户评分排名。又如保证店铺长期表现稳定，食客体验佳，并且没有炒作行为和其他违法违规行为等。

2. 提高进店转化率

在获取了足够的流量之后，商家需要通过对店铺的打造，吸引用户进入平台店铺了解更多信息。要想提升店铺的进店转化率，需要从以下三个维度进行优化。

（1）打造五星店铺。店铺的星级是影响用户选择餐厅的重要因素，店铺星级是如何产生的呢？大众点评生成店铺星级的基本逻辑是用户的评价生成评分，再由评分生成店铺星级。所以，五星店铺的打造应该从如何提高用户对店铺的整体评价的角度考虑问题。

通常情况下，平台会从 5 个方面分析用户的评价，即诚信度、时间、用户因素、评价质量和评价数量。

诚信度指的是只有用户体验后的真实评价才会纳入计算。如果是网友跟风做出的评价，对顾客选择餐厅没有参考价值，就会被平台过滤，不会在店铺的评价展示页出现。如果是商家自己或者要求其他人写的评价，也会被平台过滤。评价的真实度和客观度越高，对于其他用户的参考价值就越大，该评价对于店铺星级的提升的贡献就越大。

时间指的是近期提交的点评更重要，平台会对店铺日期越靠前的评价赋予越高的权重，如三年前的评价肯定不如三天前的评价对星级的影响大。

用户因素指的是同品类历史评价越多的用户，参考价值越高，也就是不同用户的评价权重不同。例如，某用户是一个甜品达人，那么他对甜品所写的评价就更有参考价值，平台会对这种评价分配更高的权重。

评价质量指的是优质的带图长点评更重要。一条只有一句话的好评对其他消费者没有多少参考意义，所以这种低质量的评价对于店铺的星级没有太大影响。所以，并不是评价的数量越多越好，而是内容质量好的评价的数量增加才更有利于店铺的星级提升。

评价数量指的是在以上 4 个因素相同的情况下，点评数越多的商家星级越高。

大众点评会综合这些因子对商户进行最终评定，星级反映的是商户在同类目下的相对水平。

对于商家来说，顾客在用餐后就整个过程的体验在大众点评上进行打分和分享感觉就是评价，所以餐饮企业提高顾客评价的重点在于提高顾客的用餐体验。顾客用餐后的体验源于其在店内所吃的餐品、在店内享受的服务和在店内感受的氛围，简而言之，就是口味、服务和环境三个方面（见图 3–3）。

图 3–3　大众点评的评价页面

顾客对菜品口感的重视往往会出乎我们的意料，因为这是他们最关注的。如果顾客对店铺的菜品口味十分满意，那么他们在点评口味时就会给满分，而且很多顾客都喜欢将自己所品尝的菜品进行详细讲解，用很长篇幅的文字向其他顾客展示这道菜的味道，尝起来怎么样，值不值得向别人推荐等（见图 3–4）。

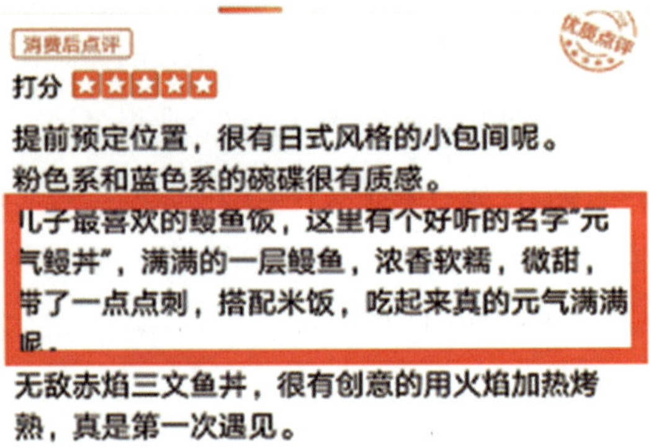

图 3–4 顾客对菜品口味的点评

除了口味以外，服务也是顾客评价的一个重点，不过通常情况下，除非你的服务特别出色，远远超出顾客预期，不然顾客是不会花费太多的篇幅对服务进行点评的，要做到最优质的服务，可以以海底捞火锅的服务为参考。但是如果你的服务质量比较差，给顾客留下了不好的印象，顾客则通常会写得非常详细。

提高店铺服务水平的核心就是让进店的顾客在最大限度上感受到我们的真诚。最直接的方法就是为顾客提供贴心服务，比如为等餐的顾客提供免费茶水，为带孩子的顾客设立儿童游乐区域，顾客用餐完毕提供免费水果和口香糖等。工作人员要全程用甜美的微笑和贴心的问候面对客人，从而打动顾客的心，激发他们评论的欲望。

对于一些重视仪式感的顾客来说，在评价了口味与服务之后，环境也是需要评价的重要内容。一般情况下，大多数顾客对于店铺环境的评价也比较简单，如提及一下店铺外面的整体环境和店内的装修风格。但如果店内的环境卫生不达标，如餐桌收拾得不干净、地面有污渍等就会导致顾客给出差评。提高店铺的整体环境要从内外入手，在外尽量秉持让顾客尽可能方便的原则，在内可以放置一些比较新奇的摆设，以满足顾客的猎奇心理，让其忍不住进行分享。

当然，在实际经营中，店铺碰到顾客给予差评的情况也时有发生。一个差评对于店铺的影响要远远大于一个好评。在大众点评上，差评也是决定店铺排名的一个非常重要的因素。虽然我们很难阻止顾客给出差评，但一定要尽可能地避免差评的出现。餐饮企业要用良好的心态重视顾客建议，再有效减少差评，避免差评。

除了评价以外，商家诚信分、菜系和霸王餐这三个因素也会影响店铺的星级。

如果商家在经营中以获利的方式诱导顾客点评、私下发信息要求用户修改评价、强制用户写好评、冒充官方必吃榜餐厅、私下组织探店写评论和差评虚假申诉等，就会影响商家的诚信分，诚信分越低其星级也就会越低。除此之外，如果商家所处商圈中同菜系的门店数量越多，竞争越大，其五星店铺评分的标准就越高，商家成为五星店铺的难度就越大，只有在整个城市同菜系的占比排名中越靠前，才越有可能成为五星门店。至于霸王餐对于店铺星级的影响，其实也是通过积累优质评价来实现的，关于这一点，前文已经提及，不再赘述。

（2）店铺“装修”。在平台的虚拟店铺中，用户并不能直接了解商家的实际情况，所以线上店铺“装修”就更加重要了。大众点评上的店铺从某种程度上来说，可以视作消费者进店消费之前的踩点，虚拟店铺所展示的各个细节都会成为用户心理预期的一部分。如果可以在一开始就能够抢占用户心智，那么消费行为自然也会随之发生。

大众点评平台上的店铺“装修”包含两个维度，首先是店铺信息的展示（见图 3–5）。

图 3–5 大众点评店铺信息展示

店铺信息展示的内容主要包含 6 种信息，即店铺星级、店铺名称、店铺图片、店铺标签、促销活动、评价数量。商家要想获得更多用户的关注，需要对这 6 种信息进行优化。我们在前文已经阐述了店铺星级的优化，这里不再赘述。

第一，店铺名称最好是用“品牌 + 品类 + 商圈”的命名形式，向用户传递更多信息的同时提高店铺的搜索量。

第二，将店内正在进行的优惠活动或者新品上市的情况制作成醒目的头图，提升对用户的吸引力。

第三，利用店铺的优势产品或者服务打造独特标签，并利用这些标签影响用户的评价。当评价中某些词句被用户多次提到时，在筛选的过程中就会被平台抓取，有利于提高店铺的吸引力。

第四，店铺的促销活动可以为顾客提供直接的优惠，属于简单粗暴的吸引力因素，同时平台也会将代金券、团购等优惠信息重点展示，所以餐厅至少要设置一种有效的促销活动，活动越丰富、力度越大，就越有可能吸引用户进店。

第五，其他用户的意见对于用户而言是影响消费的重要因素，也就是说，店铺的评价数量和好评率会直接影响店铺对用户的吸引力，所以商家需要提高自己的评价数量和好评数量。关于这一点，我们可以通过两种方法实现，一是前面提到的霸王餐形式，二是日常积累。虽然并不是说评价数量多的店铺更有吸引力，但如果评价数量过少，会大大降低顾客对店铺的兴趣。

其次，店铺“装修”除了展示店铺信息以外，店内“装修”也必不可少（见图 3–6）。

店内“装修”主要有 4 个要点。第一，做好店铺首页横幅广告的设置。可以把店铺的菜单、招牌菜、环境和品牌故事等拍成照片或者制作成短视频，引起顾客对店铺的兴趣，从而提高他们到店消费的欲望。第二，推荐菜。在店铺的主页上有一个“网友推荐”的单元，排名靠前的是店铺的人气产品。想要获得更多的推荐，商家可以从产品质量和用户评价两方面入手。第三，菜单。店铺可以在一个醒目的位置把自己的菜单拍成清晰的图片，或者直接制作一个清晰的电子菜单更直观地为顾客展示产品。一张简单的图片比一段华丽的文字描述更能引起用户消费的欲望。第四，问答板块。有很多进店的顾客会通过这个功能询问网友有关店铺的信息，从而最终决定是否进店，如“店内是否有 10 人的大包厢”等。

图 3–6　大众点评店内“装修”展示

（3）促销活动。要吸引顾客最终在店内消费，做促销活动也是一个很好的方法，例如，我们可以通过代金券或套餐活动提高店铺的吸引力。店铺在设计和发放代金券时可以设置为从周一到周五，从周六到周日，以应对周末人流高峰期。在设计套餐活动时，可以根据实际场景设计，如两人餐、四人餐、团餐和低价引流套餐等。

除此之外，店铺可以开展优惠买单和拼团活动。优惠买单是商家在顾客最后付钱的时候给予的消费金额优惠，拼团可以让顾客在拼单消费时更加方便。

利用抖音，轻松提高营业额

如今是流量为王的时代，流量让很多新行业火了起来，短视频就是其中之一。自 2016 年初上线以来，作为短视频代表的抖音便呈现了飞速的发展趋势，在不到一年半的时间里，日活跃用户就已经成功突破一亿。据抖音发布的新用户数据统计，截至 2019 年 7 月，抖音日活跃用户已经超过 3.2 亿，且目前仍然处于调整增长中。抖音巨大的流量吸引了来自各行各业的商家，餐饮行业也不例外。鉴于美食本身强烈的视觉冲击属性，非常适合以短视频的方式进行展示，因此“抖音 + 餐饮”的经营方式一经推出，便受到了热烈追捧，许多网红食品由此应运而生。借助抖音营销模式，不少餐饮品牌都创下了销售奇迹。

> 比如，借助抖音视频而被人们熟知的“会占卜”的“答案奶茶”的加盟店实现了从零到 200 多家的迅速增长；一向以极致的服务享誉火锅界的海底捞，凭借抖音上传播的花式吃法成功吸引了一大批顾客到店尝试……

诚然，虽然在抖音发展得如火如荼的今天，对于餐饮店铺而言，利用抖音进行引流具有成本低、传播快、转化率高等优点，特别是在流量为王的现代社会，谁能够成功占领流量，谁就能更好地实现曝光，吸引顾客进店，但是如何在抖音平台上成功打造餐厅的知名度，将抖音的流量转化为自己门店的流量，还需要餐饮经营者掌握实操性的方法和技巧。抖音营销，看起来容易，在实际的操作中也存在不小的难度（见图 3–7）。

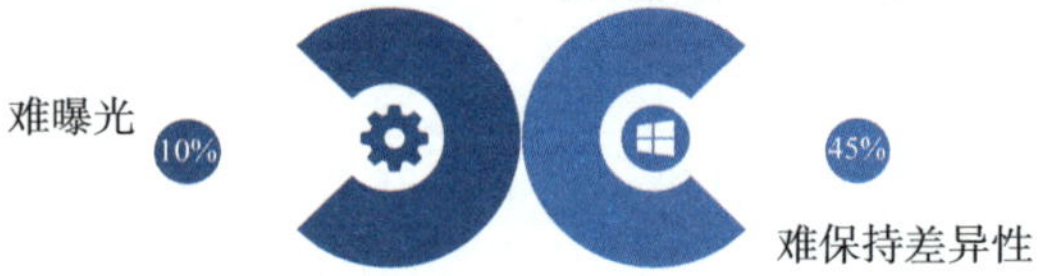

图 3–7　抖音营销存在的两大难题

第一，难曝光。当前抖音视频内容的类型多种多样，用户的口味也越发挑剔，难以被满足。如果视频缺乏新意，则很容易被淹没在一大堆同类视频中，无法成功吸引顾客的目光。没有足够的曝光，自然不能引发足够的关注度，这也是很多餐饮从业者试水抖音失败的主要原因。

第二，难保持差异性。鉴于餐饮行业本身的属性，其本身便有容易被复制的特点。即便我们绞尽脑汁创造了一个非常吸引人的新鲜吃法，并将其拍摄成视频发布到抖音上，也会发现抖音上很快便会有很多类似的视频。因此，很多时候，即使我们的吃法火了，店铺也依然无法引起人们的注意。

餐饮企业到底应该如何利用抖音为自身店铺引流，有效提升店铺营业额呢？我们可以通过获取流量、打造网红内容和运营技巧三法一步步达到目的。

1. 获取流量

要想合理利用抖音，通过抖音获取店铺流量，我们先要了解抖音平台的规则。每个平台都会根据自己的战略方向设置规则，想要在平台上营销自己，就跟外卖一样，必须了解平台的基本规则。

抖音的第一个规则就是要在上面发布作品的用户必须有自己的一个独立账号，这也是餐饮企业进行抖音营销的第一步——开立账号，设计主页信息。建立自己的账号需要一定的技巧，才能让用户在进入店铺主页时被内容信息吸引，从而成为店铺的粉丝（见图 3–8）。

图 3–8　设计抖音账号

餐饮企业在设计抖音账号时必须考虑以下 4 个方面：设计一个清晰的店铺名称，最好是品牌 + 品类或者含有地域名的名称，使店铺更容易被搜索到，如图 3–8 中“局气北京范”的名称包含了“北京”两个字；通过设计一个符合店铺特色的背景图展示品牌调性和店铺整体感；加上一个代表企业认证的蓝 V 或一个代表名人认证的黄V，从而告诉顾客该账户的流量权重很大；还可以在有限的空间内用一两句话表达自己的品牌调性，提高搜索量和品牌曝光度等。

在抖音上成功地设置店铺账号之后，我们还要对抖音的功能进行解读。刷抖音的人群都是以三个主题或者说页面聚合在一起的：一是“同城”，以地理位置聚合；二是“热搜”，以兴趣（话题、音乐）为中心聚合；三是“直播”，以人物为中心聚合（见图3–9）。只要餐饮企业参与这三大主题，就能提高店铺在人群中的存在感，为店铺引来人流。

图3–9 抖音的三个页面

餐饮企业还可以利用抖音上类似微信朋友圈的“引导互动”功能让顾客更便捷地与店铺互动，利用“推荐关注”功能提高新用户关注店铺的意愿，利用“推荐算法排序”功能让相关的标签用户更容易看到店铺发布的内容……只要餐饮经营者解读并且学会应用这些功能，就能进一步提高店铺的曝光量，从抖音庞大的流量中为店铺引流。

更重要的是，我们还要了解抖音在分发流量时的 4 个机制，从而能够利用它们获取强有力的流量，实现品牌曝光，最后将流量转化为日后的消费。这 4 个机制是流量分发、叠加推荐、时间效应和流量加权。

（1）流量分发。当我们的作品在抖音上发布之后，平台会先将作品推荐给附近的一部分用户，然后根据这部分用户的反馈情况（点赞、转发数量、播放时长等数据）决定下一步如何推荐。抖音上的流量池是层层叠加的，如果第一次分发后用户反馈情况良好，平台则会为你提供 10 万、100 万甚至更多的流量池。

因此，流量分发机制依靠的是抖音的去中心化算法，它可以使所有发布者相对公平地获取流量，任何人在第一次发布内容的时候都会被随机分配流量池。第一次分发的逻辑是通过附近、标签以及关注的人完成的，其中标签是可以提升的，如餐饮企业可以在发布时加上话题（#）的形式让更多的人看到视频。

餐饮企业要想让自己的每一个视频在第一次发布后就能得到更多的流量，吸引更多的顾客，就应该遵循抖音的流量分发机制。如在视频上标注出美食的具体地理位置，给视频添加更多的相关标签（旅游、美食、节日等），甚至带上热门的话题，发视频时还可以通过与粉丝互动吸引更多新用户关注等。这些方法都可以有效地使店铺视频在第一次分发后就尽可能多地吸引流量。

（2）叠加推荐。抖音视频在第一次分发后会根据用户反馈的情况决定是否能够被推送给更多的用户，只有当视频的用户效果好时，视频才会被逐级推送到越来越大的流量池里，被更多的用户看到。因此一个视频要想真正火起来，好的内容和完善的发布准备缺一不可。只有这样，才有助于提升视频的评论量、转发量、点赞量和完播量等核心数据。

我们将在下文详细讲述好内容的打造，完善的发布准备就要用到抖音的叠加推荐机制。叠加推荐指的是除了视频会在第一次发布后被抖音主动进行流量分发外，还可以依靠发布者自己进行推广，即通过原创 + 自创互动提高视频的曝光率。

所以，餐饮企业在通过抖音开展营销时必须重视视频的自推广，如发布后让餐厅员工对视频点赞、评论，并在微信群、朋友圈、新浪微博等社交媒体上进行转发，从而让更多的人观看，给店铺带来更多的流量。

（3）时间效应。视频在发出后是有时间效应的，抖音视频火起来的真正时间至多一周，视频的热度、观众与视频的互动、跟拍等都在发布后的第一天内完成（见图 3–10）。

图 3–10　视频的时间红利逐级递减

要想在这段稍纵即逝的时间内尽量多地获取流量，餐饮企业必须提高工作效率，在每个视频发布后迅速带动话题、跟进推广、加强互动，从而在时间红利期内为店铺赢得曝光。

（4）流量加权。流量加权是指餐饮企业可以通过账号加 V，与名人、达人、网红等互动时用上 @，发布的视频尽可能带上热门话题、音乐或者实时热门事件等（见图 3–11）进行流量加权，设置的方式越多，流量权重就越大，就越能为店铺引流。

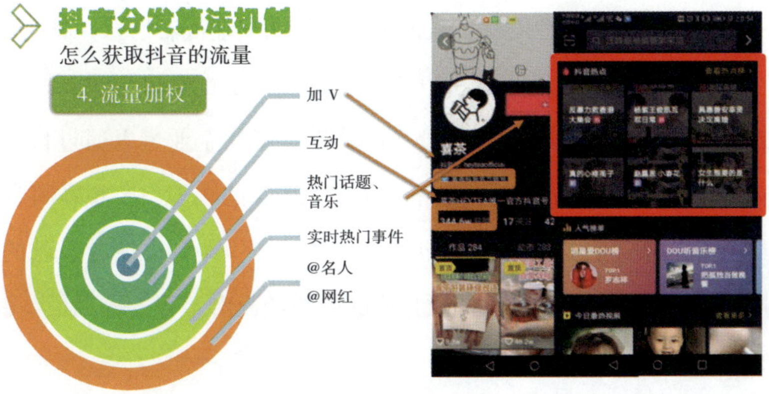

图 3–11　流量加权

2. 打造网红内容

内容是短视频运营的核心，对于餐饮企业而言，要想用美食吸引顾客，使顾客感兴趣并进店消费，就必须重视视频内容的打造。而要打造好的内容，核心就是餐饮企业有针对性地对视频进行定位。

餐饮网红可以从 6 个方面对发布的视频定位，即文化、历史、菜品、品类、环境和服务。只要视频内容定位清晰、经典，有代表性和话题度，就是一个能吸引顾客的好视频。

（1）文化。餐饮文化博大精深，就像《舌尖上的中国》，其实就是一部餐饮的文化史。餐饮企业在打造视频内容时可以紧扣中华文化的主题，以此激发用户的情感和情怀，最终激发用户对美食的兴趣。

（2）历史。不管是品牌，还是品类、菜品，都有自己从无到有的历史。如果餐厅能把这些历史背景融入视频内容，通过好的故事情节吸引人，如在具体操作过程中，可以结合产品的历史特色，制造一些比较有趣的特色吃法，就能激发顾客的兴趣或者情感共鸣。

（3）菜品。从菜品来说，口味很重要，但是视觉也很重要，能让人在吃之前有拍照、与他人分享的冲动。餐饮企业可以通过自主创新为店铺增加新的菜品，使用户有进店体验的兴趣。要想在抖音上真正火起来，餐饮店铺就一定要有自己的拿手绝活，要有自己的爆款菜品，使自己成功地从同质化产品中脱颖而出。

如CoCo奶茶树立了差异化品牌形象，从众多奶茶店中脱颖而出。出于好奇心理，曾有顾客在抖音上发布了一条揭示CoCo奶茶配方的短视频，直接吸引了全国各地的网友到CoCo门店下单尝试，使得其线下门店排起长队，从而直接导致该款网红奶茶在很多地方卖到断货。

（4）品类。如果菜品不容易出特色，就要找到品类上突出的地方，比如火锅调料拼吃、串当韩式烤肉吃等，通过给予用户“稀奇感”达到吸引眼球的目的。

（5）环境。餐厅可以从生活入手，借助时下热门的话题，在视频中巧妙地植入店铺环境，从而吸引人们的眼球，引发情感共鸣。视频内容可以突出环境特色，哪怕是一个桌牌，只要找到合理的故事，从好的角度拍摄也能做出一个有趣精彩的视频。

（6）服务。如果餐厅内有网红服务员或者有特色的就餐仪式，拍视频就有了最好的素材。餐饮企业可以挖掘店员的潜力，打造个人 IP（知识产权），为店铺自造明星，这样视频中的网红服务员就能为店铺带来巨大的流量。有些店铺会在某个固定环节让员工为顾客表演抖音上的一些热门舞蹈，并将其拍摄成视频同步发到抖音上，以此对店铺进行宣传，吸引更多顾客进店消费。

北京某奶茶店门口经常门庭若市，甚至不乏很多远道而来的客人，他们只是想看一看一位外貌酷似吴彦祖的网红店员。很多人就是为了能够看一眼这位传说中的“奶茶吴彦祖”，并为其拍个抖音，而专门来店喝奶茶的。

成都黄龙溪某面馆的一位美女，在抖音上展示了自己的拉面技术，获得 300 多万的点赞量和 48 万粉丝。在成为网红厨师后，她为面馆带来了巨大的实际客流。

因此，只要餐饮企业可以从这 6 个方面对视频进行内容定位和选材，抓住当下年轻消费者的眼球，就能打造网红内容，从而通过视频获取线上流量，收获用户的喜爱。

当然，除此之外，餐饮企业还可以通过其他小技巧打造更具吸引力的网红内容。餐饮企业可以在视频中展示一些美食的做法，无论是家常菜，还是食品搭配或摆盘技巧。这些能够给顾客提供切实帮助的内容往往很容易被人收藏，对提升视频的权重非常有利。

此外，需要注意的是，抖音的用户主要以 18~30 岁的年轻人为主，该用户群体个性鲜明，自主性强，追求差异化。对于他们而言，好看、好玩和有趣的内容往往更有吸引力。“好看”意味着年轻人更青睐高颜值的产品和环境，他们会因为一个奇特的造型而对某道菜品产生浓厚的兴趣，也可能因为店铺典雅、独特的环境而不远万里来店体验。在视频中，我们可以从产品本身、包装以及环境的颜值上下功夫，以激发视频观看者的兴趣，让其自主传播。

“好玩和有趣”意味着年轻人喜欢有参与感、互动性强的视频，所以我们不仅要通过视频进行自我展示，还要将顾客吸引进来，让其参加，由此提升用户体验，增加顾客的归属感和品牌荣誉感。只要你的视频足够好玩有趣，就永远不会缺乏观众和传播者。

3. 运营技巧三法

要想成功地成为抖音上的名人，拥有自己的忠实粉丝，餐饮企业在视频上线之后，就要根据之前确定的内容机制开始实际执行运营，下面的三个关于运营的小技巧可以让你的视频得到最大程度的曝光。

第一，时间技巧。首先，餐厅在平台上发布视频的时间一般应该定在 17:00~20:00。这是一个不容错过的时间段，因为大部分人都从一天的忙碌生活中渐渐退出，开启了夜间的娱乐生活，有时间拿起手机刷抖音，关注自己感兴趣的内容。其次，发布的视频长度应该在 15 秒左右，在这 15 秒内将最好的内容展现出来。再次，餐厅发布视频的频率一定要保证每周有 4 条内容，以免粉丝流失，中断流量的获取和转化。最后，餐厅在抖音上的运营周期需要至少持续一个季度，因为将抖音流量转化为最终的店铺消费流量要在一个季度后才能实现，在此期间，餐饮企业必须在抖音上用心运营。

第二，内容生成技巧。（1）内容的优质性，即剧本是核心，我们要紧抓内容的定位；（2）内容的热度，即抖音话题榜是核心，我们在运营视频时一定要紧贴当下的热门话题；（3）音乐的热度，即排行榜是核心，要求我们对热门音乐有大致的了解；（4）内容有互动，即文字是核心，能够让顾客参与进来；（5）热门工具，即抖音官方主题是核心。在做抖音内容时将这些核心因素考虑在内可以有效地提高视频的热度。

第三，投放工具 Dou+。Dou+ 是抖音平台推出的促进更高效传播的内容加热工具，可以将视频推荐给更多的兴趣用户，以期提升视频的播放量和互动量，帮助企业更好地进行内容运营和品牌建设。

Dou+ 投放工具有三种不同的投放方式，即系统智能投放、自定义投放和达人相似粉丝投放，其中智能投放适合新手。餐饮企业可以根据自己的情况对这三种方式进行斟酌，利用它们提高视频的曝光度。在运用 Dou+ 投放工具的时候，要注意投放时间需配合视频的发布时间，这样才能更好地提升视频的完播率。

总而言之，通过开展抖音营销，餐饮企业可以有效地实现店铺和产品最大程度的曝光，从线上获取足够的流量，从而提高店铺营业额。需要强调的是，任何时候餐饮的核心都是产品，产品品质才是第一位的。即使通过抖音营销可以在一定程度上为店铺带来不小的流量，使店铺营业额取得突破性提高，也不要因为过于追求出品形式，而忽略了产品品质。

借助淘宝、口碑提升门店的曝光度

提到线上流量，自然不得不提阿里巴巴。

阿里巴巴发布的 2019 财年第四季度财报以及 2019 财年业绩显示，截至 2019 年 3 月底，阿里旗下电商平台淘宝、天猫的月度活跃用户已经高达 7.21 亿。毫无疑问，淘宝、天猫购物已经成为中国人日常较为重要的一种生活方式，也是餐饮店铺不可忽略的一个重要流量入口。

另外，作为我国较为突出的本地生活服务线上平台，阿里巴巴旗下口碑网一直专注于顾客到店业务。有阿里巴巴的强大背景，口碑网拥有支付宝、饿了么等诸多线上渠道，能够为餐饮店铺持续引流。

因此，本节我们就将从淘宝、口碑网入手，探讨如何借助这两大平台有效提升门店曝光度。

1. 口碑网

对于餐饮店铺而言，入驻口碑网的好处是显而易见的。

首先，在口碑网上线后，我们可以利用平台的开放功能对店铺进行宣传推广，并可以通过精准营销、会员运营等工具对用户数据进行分析，实现精准营销。其次，在口碑网平台上，我们可以随时发布自身产品，参加平台所推出的或者自己自主设定的相关优惠活动，以此吸引更多的顾客来店消费。最重要的是，在支付宝口碑上线的店铺，可以不花一分钱便与支付宝共享 10 亿用户，每一个支付宝用户都有可能转化为店铺的粉丝。

成功在口碑网入驻之后，我们要注意对收款 / 核销、对账、服务市场、商铺管理等相关功能进行依次设置，由此正式开始店铺在口碑网上的经营之路。有了口碑店铺，我们怎么才能吸引更多的流量，成功提高店铺在口碑网的浏览量呢？具体方法，如图 3–12 所示。

（1）付费推广。提高店铺流量的方法有很多，最为直接的就是付费推广，需要向平台支付一定费用，以便获得更多的曝光机会。

图 3–12 提高流量的 5 个方法

（2）参加或开展营销活动。适当开展优惠活动可以为店铺带来更多的关注，特别是参加平台推出的一些不定时营销活动，可以极大地提升店铺曝光率，为店铺带来相对较多的免费流量。口碑网会在诸如“双 11”“517 饿货节”等互联网节日时期，推出一些商家活动，多平台给予活动展示和曝光机会。对于商家来说，积极参与此类活动，是获取流量的一个重要方式。

（3）提高自然搜索流量。这就需要我们对平台排名规则进行详细研究，对热门搜索出现的关键词加以关注，然后有针对性地提高店铺权重。通常情况下，只要我们能够提高店铺产品的销量和好评率，做好相关数据优化，就可以获得搜索引擎优先抓取推荐的机会。需要注意的是，提高店铺好评率的核心是提升客户的满意度，因此我们要善于观察顾客的评价，从中查找我们在日常经营中存在的问题，然后有针对性地加以调整，这样自然能够提升顾客满意度。

（4）优化推广素材。正式在口碑网上线之前，我们最好先要明确店铺的定位，找到让顾客消费的理由。这样，我们在设置店铺信息时就可以有针对性地进行宣传，进而提炼吸引顾客的元素，将其设计成图片和方案，进行推广，以更好地吸引顾客的眼球。

（5）注意顾客关注点。在日常经营过程中，要注意收集顾客的反馈，了解店里哪些部分更受顾客青睐，并对此进行总结，由此提炼更多的吸引顾客的元素。增加一些与榜单排名和主营业务相关的标签，能让顾客一眼就看到商家的亮点（见图 3–13）。

图 3–13　店铺标签展示

当然，我们不仅要想办法提高曝光率，吸引更多的流量，还要注意流量的精准性，因此在对店铺进行宣传设置时，我们应学会明确店铺的目标顾客群体，并重点针对这部分顾客设计相应的推广活动。

（6）使用支付宝入口支付。口碑网会根据同商圈内支付宝的支付频次和占比对商家进行排名。支付占比大的门店会优先展示，顾客会看到门店的“实时人气”（见图 3–14），这对门店引流有很大帮助。口碑平台上的餐饮企业，在用户进行支付的时候，可以提醒优先选择支付宝入口，实时增加门店曝光量。也可以通过支付宝支付减免或者增量等活动方式，促使消费者使用支付宝进行结算。

图 3–14　店铺实时人气排名

（7）口碑自然也要做好顾客口碑。口碑平台和点评一样，顾客也可以进行点评，对店铺排名和展示都有一定影响。不过在口碑平台进行点评的用户多数为消费后点评，所以更要维护好顾客体验。影响口碑评价星级的因素有很多（见图 3–15），其中，评价的数量与质量是比较重要的两个因素。餐饮企业要鼓励用户点评，尤其是图文并茂的优质点评。在这个过程中，除了提升产品与服务的质量，促使顾客主动点评以外，一些意料之外的惊喜更容易让顾客产生拍照分享的冲动，比如优美的环境和特殊的礼品等。

图 3–15 影响口碑评价星级的因素

除了点评的数量和质量以外，对餐饮企业的口碑星级评定，最新的用户评价和老顾客的评价所占的权重更高。这就要求餐厅在拉新和留存方面投入更多的资源和精力，要用高质量的菜品和服务打动新顾客，对于老顾客，则需要一些优惠提高复购率。

2. 淘宝

2018 年 4 月，阿里全资收购了外卖平台饿了么，并将其和自身外卖业务进行整合。如今，通过淘宝网首页点击“外卖”入口，我们便可以进入饿了么平台点餐。因此，加入饿了么外卖平台，可以帮助我们有效借助淘宝的巨大流量，为自身引流。关于如何做好外卖业务的经营工作，第二章已经为大家具体讲解，这里不再赘述。

除了对淘宝网上的外卖入口加以合理利用，我们还可以借助淘宝平台实现餐饮的零售化。像船歌鱼水饺、西贝莜面村、星巴克、眉川东坡、真功夫等众多知名餐饮品牌都在天猫上开设了旗舰店，将其部分可以实现商品化的产品放到电商平台上进行销售。这种操作方式可以帮助餐饮店铺打破时间和空间限制，获取更多的流量和销量，成功为线下引流。

当然，要做好零售工作，有效利用淘宝平台实现引流，也绝非易事。下面我们就一起来分享一些提升淘宝排名、做好餐饮零售工作的具体方法（见图 3–16）。

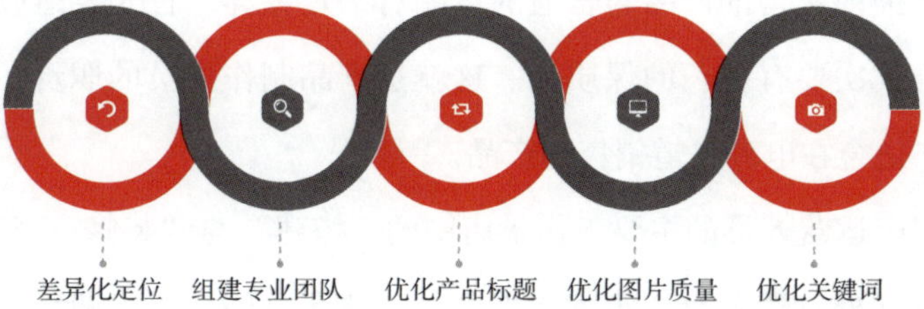

图 3–16 提升淘宝排名、做好餐饮零售工作的 5 个小技巧

（1）差异化定位。在网络购物已经成为人们常规购物习惯的今天，淘宝红利期已经成为过去，先入局者往往拥有较大的优势，后进入者很难将其超越。通过仔细观察，我们不难发现，当前整个食品零售业，无论是火锅底料，还是水饺市场，竞争都非常激烈。经营者都想后来居上，在众多同质化店铺中脱颖而出，成功抢夺淘宝流量，此时必须另辟蹊径，寻找差异化定位。

比如，成立于 2009 年的船歌鱼水饺，其在定位上就巧妙地绕开了三全、思念以及湾仔三大水饺巨头，从礼品化入手，并专门推出了多种不同主题风格的礼盒，凭借“青岛特色伴手礼”的准确定位成功打开市场。

（2）组建专业团队。零售的经营方式和传统门店销售有非常明显的区别，餐饮零售化绝不仅仅是在网上开设一家门店这么简单，其复杂程度远超很多餐饮经营者的想象，从库存到账期，到供应链，再到陈列，餐饮企业面临一系列烦琐而又非常重要的工作，哪一点都不容忽视。没有专业的团队，零售工作很难顺利进行。

一个完整的零售团队应该包括专业的产品制作人员、网店经营人员以及客服人员三种角色。产品制作人员负责产品的开发与制作，网络店铺内销售的产品与普通的产品有一定差异，首先要适应长途运输，其次要有更长的保质期。这就是产品制作人员的职责，研发并生产适合在电商渠道销售的产品。

网店运营人员的主要工作是店铺的“搭建”与“装修”，其实网店运营和外卖运营有一定的相似之处，店名、门头、店铺环境都会影响曝光率、进店率与转化率，所以网店运营人员一定要精通网页设计与 SEO（搜索引擎优化）技术，这样才能打造优质的网络店铺。

客服人员的工作就是负责与顾客和物流即时沟通，回复顾客的疑问，解决顾客的问题，以及协调物流。

除了完整的团队与具体的分工以外，在开展零售业务之前，我们还要对团队进行培训。

同样以船歌鱼水饺为例，为了更好地提升自身零售业务，针对电商销售，船歌鱼水饺专门组建了一支具有电商从业背景的团队。专业人员，专业投资，效果也是显而易见的，在 2017

年的“双 11 ”促销活动中，船歌鱼水饺在电商平台的总销售额成功超过 500 万元，在天猫“双 11”的水饺类目拔得头筹。

（3）优化产品标题。产品标题的选择并不是单纯以热度作为参考，并不是什么词热度大就添加什么，必须明确的是，我们需要引进能够带来销量的精准流量。因此标题的设置一定要和产品相关，在此基础上，再尽可能地选择一些搜索量较高的词语，如“川味香锅”利用当下热门的地域美食特色提高产品的搜索量。

（4）优化图片质量。在淘宝上进行产品搜索，直接呈现在人们眼前的就是产品主图，因此，要想有效取得点击量，成功利用淘宝为店铺引流，我们就要注意对产品推广图的打造。图片首先要醒目，有亮点，让人眼前一亮，还要尽可能突出卖点，甚至可以适当加入促销文案（见图 3–17）。

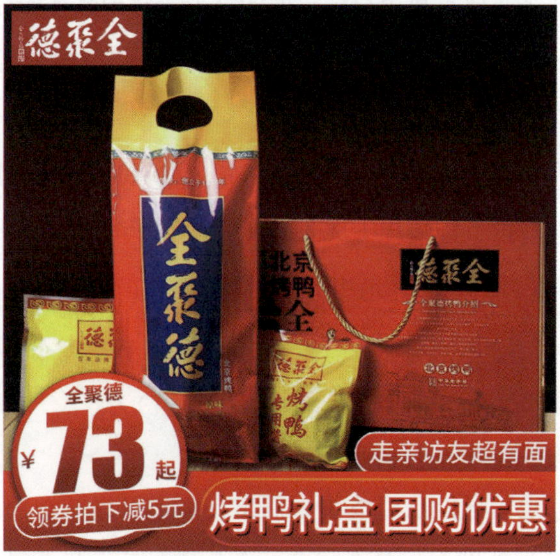

图 3–17　图片优化

（5）优化关键词。关键词对于产品在淘宝上的自然排名起着非常重要的作用。在对关键词进行筛选时，我们要尽可能挑选高精准的词，产品上架前期可以对关键词进行不断尝试、调整，通过数据统计，替换点击量低于行业平均点击量的词语。

从堂食到外卖再到零售，伴随着时代的发展，餐饮行业也在不断演化升级。借助淘宝等电商平台实现餐饮零售化，对于许多餐饮店铺而言，无疑是一个有效提升门店曝光量，进行业务拓展的好方法。但是，我们也要依据自身情况量力而行，切不可盲目跟风，要综合考虑自身产品定位、人员配置以及店铺经营情况，毕竟，并不是所有餐饮产品都可以进行零售。

餐饮企业的电商经营与外卖经营其实是一样的，在电商平台上，店铺得到的评价也会影响店铺的排名。用户在电商平台上选择消费店铺的时候，同样也会受其他用户的评价影响。所以在经营网店的时候，餐饮企业要重视用户满意度的维护。对于顾客的好评要及时感谢，差评要及时处理。至于如何处理差评，前文已经具体描述，不再赘述。

其实除了口碑与淘宝以外，餐饮企业还有很多获取线上流量的方法，比如与银行的信用卡业务合作，开展联名活动或者指定消费减免活动，也能吸引很多信用卡用户加入餐厅消费的行列。

运用高德地图，让顾客快速找到你

如今，地图导航已经成为人们出行必不可少的一个重要工具。我们可以通过地图查找各个住宅、办公楼、景点甚至餐厅的位置。有就餐需求时，我们可以通过地图查到某一餐厅的具体位置，或者查到自己所处地点附近有哪些餐厅。因此，如果能够将地图导航加以合理利用，可以为餐饮企业带来不小的流量。

自 2019 年 5 月 17 日起，高德地图发布公开信表示将正式启动“小店发光”计划，全面号召全国各个小店入驻高德平台。各个小店只要按照提示在平台上上传相关材料，并通过审核后，就可以成功入驻高德平台，成为高德认证商家。这样，高德地图的用户就可以通过搜索查询到该店的信息，以此增加店铺的曝光量。

入驻高德地图平台，让自己的店铺信息被高德地图标记并不是一件非常复杂的事情，我们根据平台提示准备相应的材料，然后等待平台审核即可。通常情况下，入驻高德地图前需要我们提前准备好门店照片和营业执照，具体要求如下。

1. 门店照片

真实、清晰的门店照片可以帮助顾客更好地对店铺进行定位。为了更好更快地通过审核，高德地图要求商家现场对门店进行拍照，且不能在夜间拍照。同时，照片应该满足以下三个要求。

（1）室外入口和招牌。如果店铺临街，拍照时要尽可能对入口进行正面拍摄，正门入口应清晰全面，要包括招牌信息。

（2）室内入口和招牌。如果店铺处于商场等室内场所，在对门店进行拍照时，也要完整清晰地拍摄店铺入口和招牌。

（3）周边信息。在拍摄门店时，如果能够包括店铺周边的店铺或建筑等信息，也可以提升通过审核的概率。

2. 营业执照

在上传营业执照时，要注意确保拍摄方向的正确性，不能斜拍、翻拍，要保证执照上的文字和国徽清晰地显示出来。

需要强调的是，由于系统更新延迟等原因，新申请的营业执照有可能无法查询，自然也没有办法通过平台审核，所以我们最好在营业执照到手三天以后再提交申请。

所有材料成功提交后，平台会进行审核，审核周期通常为一个工作日，审核完成后平台会以手机短信的方式通知商家。如果超过两个工作日仍然没有得到平台回复，商家可以在店铺添加页面点击“常见问题”，将此页面拉到最后，点击“我有话要说”，就可以进行反馈（见图 3–18）。

图 3–18　高德地图反馈入口

一旦店铺认领添加成功，我们就可以一直拥有该店铺。当然，如果我们发现自己的店铺已经被他人恶意认领，可通过向平台提交一些证明材料进行申诉，以收回店铺的管理权。入驻成功后，我们可以随时管理店铺信息，店铺名称、地址、位置、营业电话以及营业时间等信息都可以进行相应修改。

经过高德地图认证的店铺可以借助这个拥有巨大流量的平台，使自己的店铺得到更多的曝光机会，被顾客轻松快速地找到，从而有效增加店铺知名度，提升营业额。同时，我们还可以根据自身需求，发布相应的促销信息，以吸引更多的顾客进店。

地理位置是影响餐饮消费者进行选择的重要因素，因为通常餐饮消费总是与其他社交行为挂钩的，比如，同学聚会、朋友约会等。在这种情况下，人们在选择餐饮消费地点的时候，通常会选择靠近社交行为发生地点的地方。为了满足这种餐饮消费的位置需求，消费者通常会使用地图软件查看目标位置的餐饮店铺（见图 3–19）。

图 3–19　餐饮店铺地图显示

通常在地图软件上显示的店铺，基本都是通过平台认证的商家。以图 3–19 中的店铺为例，当顾客检索世贸天阶位置时，“ESQ”“巴黎贝甜”等餐厅就会显示出来。这时，顾客自然会优先选择突出显示的店铺。

第四章

激活线下流量

对于餐饮企业来说，线上是高效获取收益的优质渠道，但线下始终是商家最直接触及顾客的唯一途径。如果说线上顾客提供的是即时的收益，那么线下顾客提供的是持续的口碑和品牌影响力。从长远发展的角度来看，二者缺一不可。

快速找到人流动线和聚客点

虽然从当前的餐饮市场来看，外卖已经逐渐成为中小型餐饮企业的主要销售和创收渠道，也有很多单独经营外卖的店铺开始崭露头角，但这是否意味着，在未来的发展过程中，餐饮企业可以舍弃线下资源呢？答案当然是否定的，原因有二。

其一，外卖与堂食提供的消费场景不同。平时的生活餐和工作餐可以通过外卖解决，但多人的聚餐或有特定目的的宴会还是会选择堂食。首先，家庭环境很难提供多人就餐的条件，而餐厅可以提供专业的餐饮服务。其次，去专业的饮食场所能够体现主人对客人和这次活动的重视。

其二，全零售是餐饮企业发展的终极形态，堂食、外卖、外带、食品化缺一不可。从现在来看，外卖激活和引入了原本餐饮企业应用程度较低的线上资源，为餐饮企业的发展注入了新的活力因素。因此，在当前的红利期内，餐饮企业加强对线上资源的利用无可厚非。但线上资源与线下资源终究处于两个不同的维度，随着发展阶段的提升，餐饮企业需要用堂食展示调性，树立品牌形象，这些作用是外卖或者其他渠道的销售方式无法代替，而企业在未来发展中又必须具备的。同时，随着餐饮企业数量的增多，整个行业会逐渐达到饱和甚至满溢的状态。在这种情况下，想要生存和发展，自然需要最大限度地利用自己的消费者资源，无论是线上，还是线下。

关于外卖的经营，前文已述及，不再赘述。我们着重探讨一下餐饮企业的线下获客。

对于一家餐饮企业而言，想要在线下渠道获取足够多的消费者关注，从一开始选择开设店铺位置的时候，就要花心思找到所在商圈内人流的主要动线和聚客点。所谓人流的主要动线，指的是人流进入或离开商圈的主要通路。聚客点不仅仅是密集人流通过的场所，而且是人们愿意停下来或放慢脚步的地方，比如商场的特卖区、共享大厅和景观区等。

对于餐饮企业来说，在商圈人流的主要动线或者聚客点位置进行门店宣传曝光，可以最大限度地吸引并增加客流。比如在人流量大的地方设置 POP（卖点广告），品牌的曝光量就会提高，在聚客点放置优惠活动 POP，由于顾客放慢脚步，关注的时长会有所增加，从而提升转化率。在有鱼的池子里钓鱼，就是这个道理。

找到商圈人流的主要动线和聚客点，进而合理布局，餐饮企业就可以获得更多的客流量。对于餐厅来说，客流量的增长就意味着订单总数的上涨。之所以这么说，是因为下面的这个公式

餐厅 TC（总消费人数）= 门店客流量 × 有效消费转化率（经过门店的人群进店消费的概率）

消费转化率的提升与企业的经营水平挂钩，属于循序渐进的增长因素，通常不会在短期内发生明显变化，尤其是在开店初期。在

比例稳定的前提下，餐饮企业获取顾客数量的多寡与作为基数的客流量大小基本呈正相关。因此，选择正确的商圈位置，获取更多的客流量，对于餐饮企业来说，是线下获客成功的第一步。

但是，想要找到商圈人流的主要动线和聚客点，单纯凭借简单的视觉观察是很难做到的：一方面，商圈内存在大量不同类型的店铺，营销活动的多样化会对商圈人流的动线和聚集造成影响；另一方面，视觉观察很难深入到细节，容易出现失误。相比之下，数据是不会说谎的，不管是人流的主要动线，还是聚客点，其本质都是人流相对密集的区域。所以，餐饮企业可以采用人流统计的方法判断商圈内人流的主要动线和聚客点。

按照常规的操作流程，餐饮企业在选址时的人流量考察分为三个阶段：第一阶段，餐饮企业经营者到目的商圈进行考察，通过走访和观察，大致确定一个人流量相对聚集的区位；第二阶段，找到专业的统计机构或者自己招聘人手进行人流量统计；第三阶段，根据统计数据进行分析，判断选择的位置是否合适。

在确定了商圈位置之后，具体统计的时候，我们也要注意操作流程（见图 4–1）。

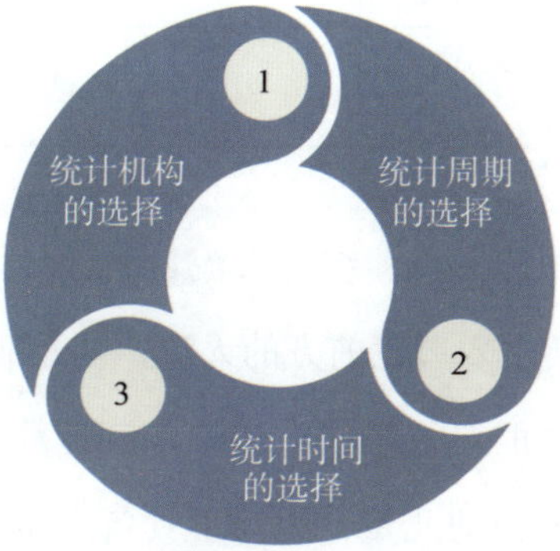

图 4–1 人流量踩点统计要注意的细节

1. 统计机构的选择

我们要根据实际情况选择适合自己的统计方式，但是无论采取哪种方式，投入资金是必然的。不过相比之下，选择与统计机构合作显然要付出更高的成本，但因为由专业团队进行统计，在数据的准确性方面自然有更好的保障，对最终的结果判定也有更加有效的指导作用。如果餐饮企业的预算比较充足，建议选择专业统计机构，这样能够最大限度地避免数据失准和决策失误。如果预算相对紧张，也可以招聘人手或者让现有员工进行统计，但在最终的分析阶段需要额外考虑数据的误差问题。

其实，大多数中小餐饮企业的经营者会选择第二种方法，一方面是考虑成本控制，另一方面也是为了获取商圈具体情况的第一手数据。那么在实际操作中，我们应该如何确定人流量呢？关于这一点，其实可以参考人流量统计工具（见表 4–1）。

表 4–1　商圈有效人流量统计工具

店铺位置特点	人流量统计公式
居民区商圈	总人流量 = 本侧人流量 + 对侧人流量 ×50%
商业区（店面正前方步行街宽度小于 20 米，并且中间无隔离带）	总人流量 = 本侧人流量 + 对侧人流量
商业区（街道宽度大于 20 米，或者路中间有隔离带）	总人流量 = 本侧人流量

第一，我们要明确一点，统计人流量时，计入的人数应该是店址这一侧，经过门店主入口正前方的人流，才是店铺的有效人流量。在这个前提下，经过的自行车或电动车每辆计数为一，但快速通过的机动车和无消费能力的儿童，因为不具备产生消费的条件，不应作为有效数据。

第二，如果餐饮店铺靠近或处在居民区商圈等地，而且店面前方道路宽度小于双车道，可以自由穿行，没有隔离带，那么店铺所在一侧对面的人流也有可能会被门店吸引，但与店铺所在一侧相比，他们进店消费的概率会相对降低一半左右。所以，我们可以将对面街道人流的半数计入有效人流量。

$$\text{总人流量} = \text{本侧人流量} + \text{对侧人流量} \times 50\%$$

如果餐饮店铺选址靠近步行街等商业区，店面正前方步行街宽度小于 20 米，中间无隔离带，可将对侧人流全部计入。因为在步行街等商业区，人们的主要目的是逛街，在这个过程中，人们会不断地寻找自己感兴趣的店铺并进店消费，而并不宽广的街道能够让消费者观察对侧店铺的整体状况。也就是说，同侧或者对侧的人流对餐饮店铺产生的关注程度是大致相同的，进店消费的概率也基本相当，所以不管同侧还是对侧都可以算作店铺的有效人流量。

如果街道宽度大于 20 米，或者路中间有隔离带，对面人流量一律不计入有效数据。因为超过 20 米，在街道对侧已经很难观察到店铺的情况，而且如果中间有隔离带，人们基本不会到对面消费。这时候，对于店铺来说，对侧的人流没有任何实际意义。但也不要认为这样的地段不适合布局餐饮店铺，实际上，一般这样设置的商业区，人们在逛完一侧后，会转到另一侧继续逛。换句话说，餐饮店铺的同侧人流会增加，对于吸引顾客进店消费是一种无形的强化。

第三，当店面位于旅游景点商圈时，我们基本可以省略人流统计的环节，直接以该旅游景点的年客流量对人流量进行估算。因为在旅游景点，餐饮店铺基本都在规划好的功能区中，所有游客只能在餐饮区域找到用餐的地方，所以景区的客流量基本等同于餐饮店铺的有效人流量。

量变引起质变，只有在人流量积累到一定数量的位置，餐饮企业才更有可能在人流向消费的转化中获取更多的收益，实现长远发展。因此，通过统计和分析人流量，找到商圈内人流聚集的区域，对于餐饮企业的生存和发展来说至关重要。

餐饮企业应如何为店铺吸引更多的人流呢？需要从三大方面入手：第一，提高店铺的曝光量，让更多的人知道餐厅的存在；第二，让更多的人能够进入店铺，在就餐的过程中体验餐厅的产品和服务；第三，通过给予顾客美好的就餐体验使更多的顾客有复购的愿望，提高他们对餐厅的忠诚度。

2. 统计周期的选择

我们还需要设置一个统计周期。要根据餐饮企业的实际情况设定周期。一般来讲，统计周期越长，采集到的数据就越多，最终结果的准确程度也越高。但统计周期越长，需要企业投入的资金也越多。在这个过程中，作为餐饮企业的经营者，我们必须考虑成本控制的问题。当然，如果门店预算充足，建议最好拉长踩点周期，周内及周末的重要时段均需踩点，并且需要连续，不要中断，这样才能确保数据的有效性。

3. 统计时间的选择

在明确了统计周期之后，我们还要确定一个具体的统计时间。通常情况下，踩点应该在周一至周四选一天，再加上周五、周六、周日这三天，总计四天。如没有条件，则应至少保证周内一天，周末一天，这样可以兼顾人们工作日和休息日的消费特点。还要注意一点，踩点的时间尽量不要包含法定节日，因为节日期间的人流数据比较特殊，不具有代表性和参考作用。极端天气也不适合进行踩点，此时，人流量的骤减比较特殊，数据几乎无效。当这些特殊情况出现的时候，我们需要延后测试时间。

常用的踩点方式有两种，一是全日踩点法，二是分时段踩点法。

一般情况下，类似以快餐、咖啡或者面包为主要产品的餐饮企业，在日常的经营中没有明显的消费热点时间段和用餐高低峰，所以建议采用全日踩点法。对于一些有明确客流高峰的餐饮企业，建议采用分时段踩点法，即只采取人流量最高时段的数据作为参照。

比如，便利店的消费热点时段通常会是上午上班之前、中午休息、下班之后，以及夜宵时间，具体时段则为 7:00—9:00、11:00—13:00、17:00—19:00，以及 21:00—23:00。但中餐厅的用餐高峰期与便利店不同，一般在午餐时段和晚餐时段迎来客流量的激增，也就是 11:00—14:00 和 17:00—21:00 这两个时间段。还有一些中餐厅会在 14:00—17:00 提供下午茶服务。如果有这种经营项目，在记录人流量的时候，这一时段也要考虑在内。

如何提升可见度和曝光度

在前文，我们已经提到，在餐饮店铺进行人流量计算的时候，如果店铺所在街道对侧的人流不能准确观察店铺的情况，产生消费的可能性几乎为零，所以不能把这些人计算在有效人流量中。这也从侧面说明了餐厅可见度的重要性，只有在人们可以直观观察店铺的前提下，餐厅的环境、氛围、宣传等外在条件才能对顾客产生吸引力，从而引导他们进店消费。

尤其对于现在的中小型餐饮企业来说，其数量已经达到一个非常可观的量级，即使在同一个市场区域，通常也有很多规模相差无几、产品大同小异的同类型企业存在。而作为餐饮消费主流群体的年轻人群，又比较倾向于根据第一印象做出消费选择。这种竞争环境和消费习惯都说明了一点，即餐饮企业想要获得顾客的青睐，必须从众多竞争对手中脱颖而出。

这里所说的脱颖而出，其实有两方面的含义：一是强大的内在实力，比如优质的菜品和贴心的服务等；二是突出亮眼的外在包装，比如店铺的招牌和宣传版面等。我们都知道，作为餐饮企业吸引力核心的菜品和服务，只有在顾客进店之后，才能被体验到，而吸引顾客进店的基础正是足够吸引人的外在包装。也正是因为如此，餐饮企业的经营者需要对餐厅的外表进行包装。最理想的状态是，顾客从任何角度向餐厅进发，都能够清晰地看到店铺的所在，并被迅速吸引。

总而言之，餐厅要想让顾客光临并买账的第一步就是让顾客知道餐厅的存在，尽可能地提高店铺的可见度和曝光度。餐厅提高曝光度的方式有两种，一是通过线上的营销活动获取流量，二是在线下加强对店铺外表的包装设计。

要在线下提高餐厅的曝光度，我们先要对自己店铺的可见度水平进行基础评估，在评估结果的基础上依照店铺的标准外表进行改善。

在一般情况下，餐厅的可见度是以从各个地方驾车或步行到餐厅的顾客的角度进行评估的。在具体的评估过程中，我们可以从各个方向徒步或驾车去往自己的餐厅，然后观察在前进的时候，是否可以随时看到自己的店铺。

如果我们的店铺位于商业步行街地区，那就需要从步行街的两侧按照不同的方向模拟消费者逛街的状态，并测试在没有目的性的行走过程中，人们是否能够清晰而且快速地发现店铺。

要知道，无论顾客是在购物逛街，还是单纯路过，对一个店铺的第一眼关注往往只需几十秒，所以临街店铺应该保证当顾客从任何一个方向看过来时，门店的路标在 30 秒内清晰可见，门店在 15 秒内清晰可见。关于对店铺外表包装设计的处理，餐饮企业可以借鉴麦当劳和肯德基等美式快餐店的做法。

对麦当劳和肯德基等美式快餐店有一定了解的人应该知道，这些餐饮企业在设计打造店铺外表方面有自己的独到之处。麦当劳和肯德基的店铺往往坐落在宽阔的街道边，其门口的设置给予路过人群巨大的视觉冲击，而且它们的品牌标志也十分庞大，顾客无论从哪个角度，无论在白天还是黑夜都能一眼看到其标志（见图 4–2）。

即使有时店铺所在的街道不是十分宽阔，它们也能通过其他方法提高门店的曝光度。如麦当劳会在门口设置显眼的“金拱门”立柱或标志（见图 4–3）吸引消费者注意，肯德基也会在门店外设置侧面招贴，以形成全方位、无死角的可见度（见图 4–4）。

图 4–2　黑夜中的麦当劳

图 4–3　麦当劳 M 立柱

图 4–4　肯德基的侧面招贴

如果店铺并不临街，而是位于一个大型商场中，那么就从商场出发，看进入商场后是否能够极快地看到餐厅的引导路标，并找到餐厅。如果效果不好，我们就应该考虑从整个商场的地形出发，对门店外表进行 360 度包装，在各条通道上设置显眼的路标，让顾客无论从哪个入口进入商场，都能很快地看到店铺（见图 4–5）。

图 4–5 在商场中设置路标

我们可以在地下车库张贴路线指示图，指导顾客快速到达店铺。可以在商场布置楼面巨幅广告，在海报上标出店铺楼层或者门牌信息，提升店铺的曝光度与易接近性。可以在电梯和休息区的设施上设计一些广告，在购物中心的路牌中加入店铺元素，全面提升店铺的存在感。

总之，无论餐饮店铺是临街，还是位于大型购物商场，都必须从各个方向和维度评估店铺是否得到了最大限度的曝光，是否能够吸引眼球，让更多的顾客知道店铺的存在。

当然，餐厅的曝光度除了受其位置影响，其外在环境和设备使用也是非常重要的影响因素。我们同样要考虑这些细节，比如，餐厅在周围的建筑物中是否仍然有较好的可见度，餐厅和招牌是否被建筑物和树木等遮挡（见图 4–6），餐厅所有招牌的灯管是否正常发光，招牌的维护是否良好，餐厅外立面的光线是否充足。

图 4–6 餐厅被植物遮挡

因此，要让餐厅在第一时间被大众看见，我们就应该从各个角度对餐厅的外表进行评估，得到一个整体的评估结果（见表 4–2），再根据综合性的评估结果进行打分，以最后的打分改善餐厅的可见度，让顾客在任何角度都能第一眼看到餐厅。

表 4–2 餐厅可见度评估打分

评估项目	打分标准	最终得分
方向 1（任选通向店铺的方向）	清晰、全面：10 分 相对清晰、相对全面：5 分 不清晰、不全面：0 分	
方向 2（方位 1 同侧相反方向）	清晰、全面：10 分 相对清晰、相对全面：5 分 不清晰、不全面：0 分	
方向 3（方位 1 对侧相同方向）	清晰、全面：10 分 相对清晰、相对全面：5 分 不清晰、不全面：0 分	

（续表）

评估项目	打分标准	最终得分
方向 4（方位 1 对侧相反方向）	清晰、全面：10 分 相对清晰、相对全面：5 分 不清晰、不全面：0 分	
方向 5（其他临街方向）	清晰、全面：10 分 相对清晰、相对全面：5 分 不清晰、不全面：0 分	
建筑物遮挡情况	无遮挡：10 分 部分遮挡：5 分 全遮挡：0 分	
树木遮挡情况	无遮挡：10 分 部分遮挡：5 分 全遮挡：0 分	
招牌展示效果	灯光明亮、文字完整：10 分 灯光、文字之一出现问题：5 分 灯光、文字全部出现问题：0 分	
临街灯光效果	光照充足、展示充分：10 分 光照强度过高或过低：5 分 缺少临街灯光：0 分	
与其他餐厅的区别程度	相对独特、个性十足：10 分 大同小异，但存在亮点：5 分 几乎一模一样：0 分	

如果最后的打分结果满足了在 10 个考核项目中超过 7 项是满分的条件，那说明餐厅的可见度已经足够优秀，剩下的只是一些细节问题，餐厅可以有针对性地进行改善。否则，说明餐厅的曝光度不够优秀，还没有做到尽善尽美。这时候，就需要我们在第一时间思考解决方案。当然，用于评估的这些问题的设置并不是固定的，餐饮店铺可以根据自己的实际情况和具体需求，制定更为准确的考核内容。

制定餐厅的打分测评表的益处在于，我们可以根据具体的分数情况，清楚地看到自己的店铺在曝光度方面存在哪些问题，并有针对性地解决。比如，如果存在建筑物或者树木遮挡问题，我们可以提升高店铺招牌，或者在地面设置立式灯牌；如果招牌的显示效果不够理想，我们可以维修或更换招牌。

做到了这些，就等于实现 360 度包装餐厅可见度的目标了吗？实际上，这些只是基础部分，想要得到全方位、无死角的展示效果，在细节方面我们还要更加注意。

除了店铺本身以外，一些外部设施也可以用来提升店铺的可见度，比如遮雨棚和遮阳伞等。这些外部设施通常都具备一定的功能，比如遮阳伞在炎热的夏季可以为顾客提供阴凉，遮雨棚也能够在下雨的时候为顾客提供遮风挡雨的地方。这些设施在特殊场景下，都会成为顾客的需求，而这种需求会指引顾客来到店铺附近，从而大大提升店铺的可见度。

类似的外部设施还有很多，如吸引儿童或少年的充气人偶和彩虹门，引导消费的促销商品和促销活动招贴等。除了这些，额外增加灯光设备，增加显眼的旗帜、窗贴、门贴，悬挂横幅、广告招牌等都可以有效增加店铺的可见度。

提高餐厅的曝光度，其目的是让尽可能多的消费者注意到店铺，吸引更多的顾客。出于这个目的，其实我们的眼光不必局限于店铺自身和店铺周边的区域，像一些更远的公交车站甚至公交车内部，都可以通过广告的方式，引起人们的注意。

综上所述，我们把餐饮企业提高门店曝光度的方法简单总结成三个步骤，供大家参考。

第一步，花一些时间，从各个可能的方向走向你的餐厅，提出几个关于餐厅曝光度的细节问题，如餐厅表面的光线是否充足等，并根据问题回答“是”或者“否”。对答案是“否”的问题，列出可能解决这个问题的方法，例如，在一个黑暗的角落考虑设置一盏灯。

第二步，使用一些如遮雨棚、大阳伞、旗帜、窗贴等额外设施提高餐厅的曝光度。

第三步，为了更好地将顾客引导到餐厅，在显眼的地方放置指示牌，如在墙壁上放置大型招牌，在屋顶放置停车场指示牌，在购物中心放置路牌等。

当然，如果店铺在选址阶段因为各种各样的原因，没能找到合适的位置，那么采用上面所说的几种方法显然不能达到预期目标。对于这种类型的餐厅来说，想要提高曝光度，需要更大的资金和人力投入，比如大范围张贴海报和分发传单就更有效。

提高性价比，让顾客走进餐厅

最近 10 年，餐饮行业最大的变化，就是外卖的兴起与发展。这种餐饮消费新形态为整个行业带来了新的生机，越来越多的创业者进入餐饮领域，餐饮企业的数量与日俱增。从表面来看，餐饮行业已经步入发展的黄金时期，但实际上，在行业整体繁荣的背后，同样存在不小的隐患。

公开数据显示，2017 年，餐饮行业倒闭店铺的数量与新开店铺的数量基本持平，两者的占比达到 91.6%。这一数据说明，宏观层面发展迅速的同时，微观层面的一个个餐饮企业正在面临生与死的竞争。尤其是中小型餐饮企业，根基薄弱，核心竞争力不足，更容易在激烈的竞争中沦为“长江前浪”而被拍死在沙滩上。

为了生存，很多餐饮企业正在拼尽全力。从店铺的外表包装设计，到下一步将顾客吸引进店，餐饮经营者都在相互博弈。但到底怎样才能成功地让更多的顾客进到店内用餐，提高餐厅的营业额，还需要经营者仔细钻研。

我们只有明确影响顾客第一次进店选择的因素才能对症下药，提高店铺对顾客的吸引力。其实要让顾客选择我们的餐厅，无外乎就是第一眼就给顾客留下极好的印象，这种印象就是对该餐厅性价比的印象。

如果顾客走到一个餐饮门店前，看到以下相关信息：餐厅的名称和品类、装修风格、门前卫生、人员形象、店内氛围，再加上菜单展示、优惠活动、门口人气等，就会对该餐厅的整体形象有一个大致的认识。当他认为该餐厅展示出来的性价比很符合自己的预期时，就会主动进店消费。

因此，性价比是顾客选择一家餐厅的主要因素。何为性价比？就是先验性价值和尝试成本。

1. 先验性价值

性价比中的“性”指的就是先验性价值，先验性价值是影响顾客进店的首要因素。如果顾客对一个店铺的第一印象十分好，对品牌、环境装修、门店特色、顾客好评 4 个维度都十分满意，就有了极佳的先验性价值体验感，就会产生进店消费的冲动。

（1）品牌。对于拥有品牌的餐饮企业而言，要想成功吸引顾客的眼球，提升品牌影响力，就要学会提炼自己的优势，并对其加以适当包装，对外进行宣传，以此加深品牌在顾客心中的印象，形成记忆点，让顾客记住。在具体操作过程中，我们可以结合产品特色，制造一些新鲜有趣的吃法或开发更新奇的衍生产品。

当然，拥有自己的品牌对餐饮企业的经营很有帮助，但对于很多中小型餐饮企业而言，要在短时间内打造出品牌形象难以实现。这是否意味着我们可以抛弃对品牌的追求？当然不是，要知道任何品牌都是从无到有一步步打造出来的。虽然目前我们难以从品牌上超越那些大型餐饮企业，但我们可以把它们当作行业老师和竞争对手，学习研究它们打造品牌的方法，从小处做起，规划自己独特的品牌，把品牌做大，最终打倒这些竞争对手。

要注意的是，在品牌这个维度上，有很多餐饮经营者会因为过于把同类品牌餐厅，甚至口碑较好的同类餐厅看成最大的竞争对手，所以一边提升自身实力，一边想方设法阻碍竞争对手的发展，甚至不惜以破坏市场规则为代价。

其实这种不当做法存在很大的弊端，因为餐饮企业虽然可以通过不正当的竞争方式阻碍竞争对手的发展，但与此同时，自己的发展也会受影响。同时，消费者可选择的餐厅也不止一种类型，即使你的竞争对手倒下了，如果你的实力不足以吸引更多的顾客，那么生存和发展也会成为空谈。

我们要记住一句话，即商圈竞争者是最好的老师。我们可以把同类品牌餐饮企业看作竞争对手，但我们更要把它们看作老师，汲取它们的精华，帮助自己成长。

在中国市场上，肯德基与麦当劳是显而易见的竞争关系，但二者的竞争过程，其实也是相互学习的过程。为了确保自己不会与竞争对手拉开差距，双方一直在数字化运营和会员服务等多个领域互相借鉴。海底捞与巴奴火锅也是竞争对手，二者的优势不同，前者强调服务的质量，后者侧重于打造正宗优质的产品。在竞争过程中，为了抢夺对手的消费者，双方都在学习对方的优点，想要成为服务与产品双优的唯一品牌。作为中餐的竞争者，西贝一直视海底捞为竞争者。2019 年，在西贝的各个服务提升会议上，创造“感动服务”是最重要的内容，海底捞的服务理念被西贝当作经典案例不断学习。

（2）环境装修。对于餐厅来说，通过环境装修提升店铺的先验性价值，有两个要点。首先，店铺的装修要符合自身的产品定位。如果店铺主营快餐和小吃，位于学院街，主要消费人群是中学生，那么店铺内的装修风格应该倾向于青春活泼或者小清新；如果主营西餐，位于繁华的商业街，主要消费人群是上班族，那么餐厅更应该倾向于大方且温暖的装修风格。

其次，店铺的装修水平高低其实源于对比，所以我们要做到人无我有，人有我精。第一，店铺要具备自身的特色。对于餐饮企业主要的年轻消费者来说，个性在某种程度上可以代表餐厅的装修水平。所以餐饮企业要在装修的过程中，加入时下一些新鲜的元素，比如当下流行的主题和标新立异的颜色搭配等，提升店铺的独特性。第二，餐厅环境的优劣在很大程度上取决于顾客内心对同类型企业的对比，所以我们要充分关注商圈内同类型企业的装修特点，将其中一些地区标准性的配置引入自己的店铺。当然，我们也可以对这部分设置进行优化，进一步提升顾客对餐厅环境的印象。

（3）门店特色。想要让顾客第一眼就产生进店消费的欲望，餐厅自然要具备自己的特色。所谓门店特色，其实包含三个方面。第一，特色产品，也就是企业的主打菜品，比如，巴奴的毛肚、旺顺阁的鱼头泡饼等。能够作为特色产品存在的菜品，必须是企业独有的，或者在同类型菜品中得到公认。第二，特色服务。比如，海底捞的等位服务和机器人送餐服务等。第三，特色环境，比如绿茶餐厅小桥流水式的场景，或者西贝的九十九顶毡房等。

对于餐饮企业来说，这三种特色中，具备任意一种都可以实现提升餐厅先验性价值的目的。企业可以根据自身的具体情况，选择主打特色。

（4）顾客评价。顾客对于店铺的评价，在很多时候会影响其他顾客对店铺印象的评分，因为大多数人在进入一个陌生的店铺之前，为了确保自身的消费体验，基本都会关注店铺的口碑和评价。一般情况下，顾客对于评价的认知有两个层面。首先，关注评价数量。对于一家餐厅来说，评价数量与顾客数量是成正比的。如果评价偏少，即使好评居多，顾客也会产生不信任感。其次，关注店铺的好评率。在评价数量充足的前提下，如果店铺能够获得大量顾客的好评，自然能够充分说明商家提供的产品和服务足够优质。

所以，餐厅在通过顾客评价管理提升自身先验性价值的过程中，也应该从数量和好评率两个角度入手。商家可以开展一些营销活动，比如通过优质评价赠券、赠礼品等鼓励顾客评价，实现提升评价数量的目的。然后，通过店铺产品、服务、环境等因素的打造，获取更多的好评。

2. 尝试成本

性价比中的“价”指的就是尝试成本。尝试成本取决于时间成本和金钱成本：时间成本就是减少顾客进店选择的时间，让顾客快速匹配自己的需求；金钱成本就是通过开展活动，让顾客觉得很值得、很划算。

（1）时间成本。要减少顾客的时间成本，就需要我们从两方面入手：其一，更快地获知餐厅的主营产品；其二，更快地获知产品的大致价格。比如一个餐厅，其装修十分豪华、高大上，但在不知道菜单，不知道产品价格的情况下，顾客对它的第一印象很可能是“如果我进店消费，产品类型不是我喜欢的怎么办，而且肯定很贵”。当这种情况发生的时候，顾客自然不会产生进店消费的欲望，而是转向产品明显符合自己的需求，同时餐品价格更贴近自己预算的餐厅。

我们要尽力避免发生这种情况，最有效的做法就是在门口摆一个菜单标牌，在上面罗列店铺主要产品的价格，从而告诉顾客，你的店铺就是他要找的，你的产品的价格就是他心目中的价格。

西贝餐厅会在门口用巨大的标牌展示店铺内“超级肉夹馍”系列产品。它不仅在标牌上用巨大的实物图片告诉顾客该款肉夹馍与一般的肉夹馍相比，有什么优势，勾起顾客的食欲，而且还罗列出不同品类超级肉夹馍的价格，使顾客一目了然、心中有数，最终让顾客快速地将自己的需求与某款肉夹馍匹配在一起，顾客就会产生进店消费的冲动（见图 4–7）。

（2）金钱成本。要减少顾客的金钱成本就要满足顾客“划算、占便宜”的心理，从而让顾客觉得如果到该餐厅消费，可以用更少的钱享受到更多的食品。对于餐厅来说，让顾客产生“占便宜”心理的主要方式就是促销活动。我们应如何策划促销活动，让顾客从活动的形式和内容上有享受优惠的感觉呢？

图 4–7　西贝门口的菜单

从形式上看，餐饮企业开展的促销活动必须让顾客在进店之前就能够被他们看到，这样才能引起顾客进店消费的兴趣。我们可以通过在门上挂横幅广告、在墙上张贴海报、在门口立招牌展示店铺的活动信息。从内容上看，我们设计的促销活动应该能够让顾客产生“这个活动可以让我享受最大力度的优惠”的感觉，提高顾客对优惠产品的消费兴趣。

到过肯德基、麦当劳等美式快餐店用餐的人都应该知道，这些餐饮企业在设计优惠广告方面很有自己的独到之处。它们通常会在店门口的上方用屏幕海报展示当天的产品活动信息，并且放大优惠金额，引起顾客进店消费的欲望。

当然，除了营销活动以外，同等价位更大分量的菜品、同等消费更加优质的服务也可以让顾客产生“占便宜”的心理。

总而言之，当餐饮企业能够做到极高的先验性价值与极低的尝试成本的时候，顾客的进店率自然会大大提升，从而实现提升店铺营业额的目标。

客户体验是顾客复购的关键

在把顾客吸引到店内用餐后，我们的工作还没有完成。因为我们追求的不是顾客的一次性消费，而是让顾客在这次消费后能够复购，继而成为店铺的粉丝。所以要想提高营业额，店铺必须拥有忠实粉丝，而把顾客发展为粉丝的第一步就是吸引每个第一次进店的顾客有再次光顾的想法。

如果两家店铺比邻而开，也以同样的价格销售同样的产品，这时顾客体验感的记忆就成为顾客选择走进哪家店的决定因素了。所以，在顾客第一次进店后通过给顾客极佳的体验感让他们有复购的欲望至关重要。

顾客体验对企业的重要性早就被证明。一家专注于客户体验的管理咨询公司 Watermark Consulting 的负责人约翰 · 皮考特（Jon Picoult）曾经对客户体验是否会对公司股票产生影响进行了调研，分析了两家在客户体验方面做得较好和较差的控股公司。结果让人非常震惊：调研期间，在股票市场上，客户体验较好的公司将客户体验较差的公司远远地甩在身后，领先公司获得的累计收益率为 22.5%，相比而言，标准普尔 500 市场指数则下降了 1.3%，而客户体验较差的公司的股价甚至下降了 43.6%。

可以看到，企业要想增长，只有关注顾客体验，对于“顾客是上帝”的餐饮企业而言更应如此。那什么是顾客体验？餐饮企业到底应该如何给顾客创造良好的消费体验呢？我们要先明确顾客的用餐体验到底包括什么，他们为什么会来，是因为产品口味、服务特色、环境特色，还是其他因素。这些都是我们要弄清楚的。

如果是因为产品口味，那么餐饮企业就要在保持原来口味不变的情况下开发更多吸引顾客的产品。如果是因为服务特色，那么餐饮企业就要通过无微不至的服务提高顾客体验；如果是因为环境特色，那么餐饮企业就要致力于打造更舒适轻松的用餐氛围……

这样就可以了吗？要知道人是很复杂的动物，每个人的喜好都不大相同，餐饮企业要想尽力留住更多的顾客靠的不仅仅是这些表象，还要对其进行深入分析。我们可以先来看看一家不打广告但年入 15 亿元的“变态”餐厅的运营策略。

Casita（カシータ）是日本的一家餐厅，去过这家餐厅的顾客一定很愿意再次光顾。很多顾客都会被它的服务感动。我们可以看看这家餐厅内的 4 个场景。

场景一：一位顾客预订了桌位，当他到店时服务员早已站在门口迎接，一进店店员就会亲切地叫出他的名字，或者对他说道：“×××，好久不见，已经有 4 年零 11 个月没见到您了，很高兴与您再次相遇。”

场景二：一位女士预订了桌位，晚上要和好友聚餐。当她们到店打开餐巾时，发现上面绣着自己的名字，女孩们瞬间被打动，并表示一定会把这块餐巾带回家。我们很难想象，这些餐巾上面的字是由餐厅负责缝纫的员工完成的。

场景三：一位男士预约在此求婚，店员们会在男主到达前在门口等候，帮男主准备好求婚鲜花，并提前了解女主喜好，安排靠近窗户的座位，在餐桌上撒上花瓣，摆上拉花是参照女主的狗狗做成的定制咖啡。在求婚成功后，店员们会送上祝福，并在他们离开时列队相送，以示祝贺。

场景四：一位顾客在离开时于自己的口袋里发现了暖宝宝，上面写有“感谢”二字。原来当天夜间气温骤降，于是店员准备了大量的暖宝宝，并且在上面写上感谢的话语，悄悄放到顾客的口袋里。

这家餐厅就是依靠这种“变态”服务，在不打广告的情况下帮助店铺实现了巨大的营业额，顾客会因为它的服务特色而不远千里地再次来店消费。那么这样的“变态”服务背后有什么秘密呢？为什么这家餐厅可以从服务入手做出门店特色，给予消费者极佳的消费体验呢？

其实，这家餐厅在实际运营中遵循了“对顾客的深度洞察，是体验打造的起点”这个规则。它把顾客的每个预订都看作一次小型采访，不仅仅像其他餐厅一样只接顾客的预约电话，还会了解顾客的详细情况，例如，顾客的姓名、生日、口味、喜好、对食物热量的要求，甚至顾客宠物的信息等。这家餐厅的电脑系统里大约有 15 万名顾客的信息，比起其他餐厅，他们更加了解自己的顾客。店员们会在营业前三个小时，基于这些信息对每一位顾客进行详细分析，以便对顾客进行精准服务，让每一桌顾客都感觉自己很特别。

因此，我们可以总结出一句话——“体验需要被设计”。餐饮企业要强调以顾客为中心，向顾客传递体验感的同时吸引顾客。顾客体验指的是一个整体的过程，是企业在与顾客接触时，其产品、服务、环境等带给顾客的感受。企业提供的不仅仅是商品或服务，还是体验，必须给顾客留下难忘的愉悦记忆，必须与顾客产生情感共鸣，这才是企业生存的根本。

餐饮企业在营造顾客体验时，遵循的应该是让顾客从满意、惊喜到感动的过程。例如，日本的 Casita 餐厅先决策“如何、何时与顾客接触”，再让餐厅每一次与顾客的接触都成为一个关键时刻（MOT）。顾客体验源于关键时刻，任何不愉快的体验都可能导致顾客否定餐厅，引起顾客抱怨，甚至演变为危机事件。

顾客体验是顾客对店铺内的产品、服务和环境的整体感受，是有形价值与无形价值的结合，所以给予顾客体验就不能单一从某个方面入手，而应紧扣顾客体验的关键时刻，以正确的方式向正确的顾客提供正确的产品和服务。

在使用关键时刻的过程中要将其与峰终定律结合起来。所谓峰终定律，就是在体验一项事物之后，人能记住的只是在“峰”与“终”时的体验，而在过程中好与不好体验的比重、时间长短，对记忆几乎没有影响。诺贝尔奖得主、心理学家卡尼曼经过深入研究，发现顾客对体验的记忆由两个因素决定：高峰（无论是正向的，还是负向的）时与结束时的感觉。这里的“峰”与“终”其实就是所谓的“关键时刻”，这是服务界最具震撼力与影响力的管理概念和行为模式。

关于如何通过关键时刻为顾客设计消费体验，我们可以看看星巴克的消费者体验的关键时刻。

从顾客进店之前，到顾客离店之前，星巴克设置了 20 个关键时刻（见图 4–8 和图 4–9）。第一个是“店铺位置与外观”，最后一个是“真诚的微笑”。其中，“峰”是“友善并对咖啡热爱

图 4–8 星巴克关键时刻分析（1）

图 4–9 星巴克关键时刻分析（2）

与专业的店员”、“咖啡味道和包装”、“心理优越感”以及“真诚的微笑”。清晰直观地把顾客整个过程的体验显示出来，企业就能对每个关键时刻有针对性地进行分析，从而思考调整方案，解决问题，提高收入。

根据星巴克的操作模式，我们可以总结出顾客体验关键时刻的打造步骤，一步步实现给予顾客极佳体验的目标。

第一步，绘制顾客体验流程。餐饮企业要清楚顾客自始至终，都与你在何时、何地、何种状况之下发生了关联，找到其中的关键节点，并把所有节点串联起来，绘制一张完整的“用户服务地图”（见图 4–10）。

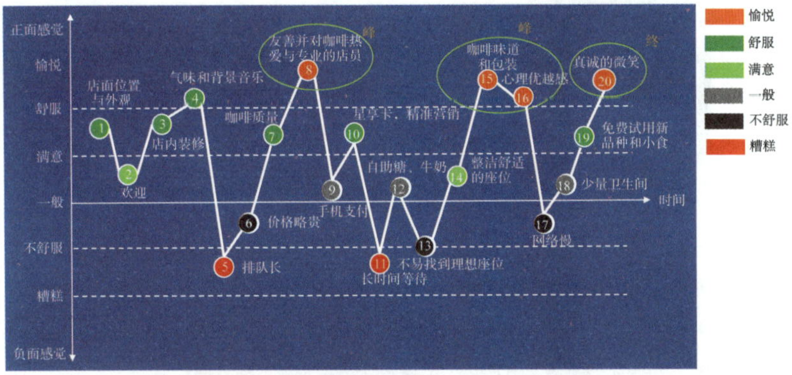

图 4–10　星巴克“峰终定律”顾客体验

第二步，评估节点体验。评估顾客预期与实际体验的落差，确定顾客对餐厅的评价，即愉悦、舒服、满意、一般、不舒服以及糟糕等。

第三步，寻找峰终时刻。确定高峰体验和终点体验，找到正面感觉（满意、舒服、喜悦区域）的峰值体验点，分析每个节点，同时也需要根据企业的实际情况，根据企业成本控制和定位需求确定对峰值关键点的取舍。

第四步，细化峰终体验。细化峰值和终值时刻，通过具体的定性和定量的顾客体验研究，对顾客认为重要的时刻反复优化，让顾客认为的重要时刻也成为峰值体验。

除此之外，在设计关键时刻时，我们还可以通过其他顾客旅程的关键节点，给顾客制造难忘的记忆点，如进店等位、点餐入座、产品上桌、用餐服务和买单离店。

（1）进店等位。餐饮企业可以在顾客落座的等待时间为顾客提供食品和茶水等，向顾客展示店内的特色产品，用教顾客微信排号、点餐等互动方式，或者设计儿童专用游乐区等缓解顾客等待的焦虑感，提升顾客体验。

（2）点餐入座。在顾客点餐时，我们可以通过给顾客送上印有网红语的围裙，当面清洁儿童座椅，主动与客人交流互动，询问忌口食物，主动推荐菜品，自我介绍，并承诺解决问题等加深顾客对店铺的良好印象，从而提高顾客体验。

（3）产品上桌。我们可以针对不同产品定制上餐仪式，提高顾客的用餐兴趣。例如，在上烤鸭时餐桌边表演片鸭秀，并介绍配料的食用方式；在上毛肚时可以说："毛肚是巴奴的特色，20 分钟吃完口感最好，祝您用餐愉快。"在上鱼时加上肢体语言，并说："您点的土豪酸菜鱼来了！"

（4）用餐服务。在顾客用餐时，我们可以提供贴心的服务，如为顾客盛第一碗菌汤，且至少为每位顾客盛一次；为顾客涮第一片毛肚，后续服务保证给每位顾客至少涮一片。我们还可以跟进上菜情况，询问满意度；提供玩偶陪吃服务，让顾客即便一个人用餐也不会孤单；在宝宝哭闹时可使用气球与其互动；还可以应聘有语言专长的伙伴，达到服务无国界的目的等。

（5）买单离店。在顾客餐后离店时店员先客人几步，把门拉开，站在门旁欢送客人离店，或者向离店顾客分发薄荷糖，可以有效提高顾客体验。

在使用关键时刻的方法提高顾客消费体验的过程中，餐饮企业并不需要将每一个时间节点都作为关键时刻看待，在某些阶段也可以刻意冷落顾客，因为一定的心理落差可以强化惊喜的程度。

第五章

提升人均消费额

普通餐饮店铺和高端餐饮店铺之间最直观的区别是什么？这是困扰很多餐饮经营者多年的问题。其实，答案很简单。普通餐饮店铺一盘番茄炒蛋可能卖 12 元，但同样的产品在高端餐饮店铺可能卖到 120 元。价格的差距让它们之间产生明显区别，而价格的不同所带来的就是客单价的不同。

正确理解客单价

所谓客单价，从字面意思理解，指的是在某一时期内，每位顾客消费的平均金额。从这个角度出发，我们可以得到这样一个计算客单价的公式

客单价 = 销售额 ÷ 消费人数

逆推这个公式，我们还能够得到另一个企业盈利的公式，即

销售额 = 客单价 × 消费人数

也就是说，企业想要提高自己的盈利，除了前面讲到的获取更多的线上和线下顾客以外，还可以提高客单价。

在餐饮店铺的实际经营中，通常通过两种不同的方式提升客单价：一是量的提升，即让顾客消费更多的菜品；二是质的提升，即让顾客购买更贵的菜品。

1. 让顾客消费更多的菜品

一般情况下，人们在餐厅消费时，会根据自己的食量或者饮食习惯搭配菜品。其实，搭配菜品就是我们提升客单价的一种方式。搭配方式可以分为三种：一是部分产品有相应的优惠，给顾客最直观的优惠冲击；二是组合套餐，让顾客觉得数量多，价格便宜，从而促进消费；三是通过对点菜动线进行设计，促使顾客多消费。

（1）部分产品有相应的优惠。比如，在主食类菜品基本满足顾客饱腹需求的前提下，如果零食、汤品、饮料等辅食类菜品的价格足够优惠，大多数消费者并不介意用这些产品丰富自己的一餐。

当然，这种给副食设置价格优惠的方法并不适合餐饮店铺的所有产品，一般情况下，选择对毛利较高的产品设置优惠是比较合理的方式。毛利高的产品，有更大的降价空间，在提升客单价的同时，还可以最大限度地保证利润率。一些饱腹感比较强的产品，比如主食类等并不适合设置优惠。因为顾客的食量是有限的，我们提供优惠产品的目的是让顾客多点菜，如果顾客已经达到饱腹状态，那么点餐的欲望就没有那么强烈了。

（2）组合套餐。当顾客来到一家不熟悉的餐厅，看到菜单上的菜品品类繁多，这时候，看见套餐组合会感觉自己被拯救了。如果顾客将套餐中的菜品的价格相加，明显感觉很优惠，就会毫不犹豫地选择套餐。其实，贵与不贵，只在一念之间。如果我们可以设置一些"便宜"让顾客去占，那么即便增加一定的消费额，顾客依然会感觉到这些额外支出是值得的。

麦当劳、肯德基、汉堡王等都会设置不同的套餐供顾客选择，甚至套餐在门店的菜单中往往占据主要位置。当顾客到这些店铺就餐的时候，点完汉堡之后可能会再点一杯饮品，而套餐是在此基础上加了一份薯条。对比价格之后你会发现，汉堡、薯条、可乐套餐的价格比点汉堡和可乐价格稍高一点，只需要付很少的钱，就可以多吃一份薯条。有这样的“便宜”，顾客自然乐得选择价格稍高一点的套餐。

（3）通过对点菜动线进行设计影响顾客点餐。这个方法一般适用于一些快餐类餐厅，在点餐区或者在顾客走向点餐区的途中，设置一些品相极佳或者价格不高的小吃，以吸引顾客的注意力。大多数顾客在点了主餐之后，会点小吃。对于不在点菜区点菜的餐厅来说，可以在菜单上做些文章，设置一个小模块，放一些价格不高的小菜或小吃，也能让顾客多消费。

和府捞面就是一个很会利用动线设计让顾客多点餐的企业。和府捞面是一家以面食为主的餐厅，面条的价格为三四十元，价位是偏高的，但它采取了一个策略——免费续面。对于顾客来说，虽然花了 30 元，但是可以吃两碗面条，算算也合适。它运用这个方法留住了顾客。顾客留住了，如何提升客单价呢？它在顾客点菜动线上摆放各种小吃，例如乾隆冰心蛋，三元一个，老卤凤爪，六元一个。这些小吃的价位不高，又被放在暖暖的灯光下，观感十足，顾客或多或少会选择一些。算下来，客单价就会提高很多。

当然，这种方法可能更适合一些快餐厅，但是不可否认，这种方法对于餐厅提升客单价是百试不爽的，因为让顾客看见真实的产品比在菜单上看到产品的名字更有吸引力，也更能激发顾客的购买欲。

2. 让顾客购买更贵的菜品

客单价的提升，最直接的方式是让顾客消费更贵的菜品。这个道理大家都知道，但如何让顾客心甘情愿地购买更贵的菜品，始终是餐饮企业面临的难题。

我们在很多餐饮店铺的菜单中，会看到“招牌菜”这种类别的菜品。一般情况下，招牌菜的价格会比普通菜品高一个档次。

> 西贝的牛大骨128元一斤，对于顾客来说，价格偏高，但是吃的人却络绎不绝。主要原因是西贝对牛大骨的宣传力度非常大，会在商场挂上牛大骨的海报，餐厅也会专门为牛大骨做一个菜单。当顾客进入餐厅的时候，第一眼就会看到热腾腾的牛大骨。西贝这么大力地宣传，就是想占据顾客的心智，进而促进消费。

有人说：“我的餐厅不大，不可能像西贝那样进行大规模宣传，该怎么办呢？”有两种方法。一是口味制胜，独家秘方。如果你的口味是独一无二的，那么即便你的招牌菜价格偏高，顾客也愿意买单。对于一些有一定历史，并且有自己的特色产品的餐饮企业，可以走口味制胜的路线。比如像“全聚德”这种百年老店，特色的北京烤鸭产品已经经受历史检验，也已经为大众所认可，所以可以直接提高特色产品的价格，以提高客单价。

但对于大多数餐厅来说，它们其实已经不具备口味优势了，那就需要运用第二种方法，从顾客进店开始，就把招牌菜印在他的脑海里。一般来讲，最有效的方法就是给予消费者强烈的心理暗示。明档宣传、海报宣传只是基础，我们还可以将招牌产品在店铺内进行重点展示，可以在员工的工作服上、餐厅的菜单上等一些相对显眼的位置设计招牌菜宣传内容。这样，顾客一进店，就会被无处不在的招牌菜信息淹没，然后在潜意识的作用下进行消费。

无论是让顾客购买更多的产品，还是让他们购买更贵的产品，在实际操作中，都需要员工用一定的话术进行促销。比如，当顾客选择套餐时，收银员可以提醒顾客，加 3 元可以升级为大套餐，加 9 元可以将可乐升级为“大珍珠奶茶”等，激发顾客消费更多或者更贵产品的欲望。所以，在提升客单价的过程中，餐厅也要培养员工的促销能力。

菜单 = 核心产品 + 促销产品 + 利润产品

提高客单价可以从让顾客点更多的菜品和更贵的菜品入手，但只是这样的话，还不够全面系统。更全面系统的做法是从内部因素和外部因素两个方向分析客单价，并有针对性地明确应该如何具体操作。

我们先分析一下影响客单价的内部因素。要让进店的顾客在点餐时感到舒服并“豪迈”下单，就要让顾客在看到店铺的菜品种类及其价格时不会犹豫，让他们心甘情愿地付费。餐饮企业应如何做到这一点呢？其实，通过两个小技巧就能很好地达到目的，一是对店内的菜品进行“有效”定价，具体参见《从零开始做餐饮 · 开店篇》，此处不再重复；二是对菜单结构进行巧妙设计，让顾客在点菜时点得更多并点更贵的菜品。

在一般人看来，菜单只是记录餐饮店铺产品的一个清单，但实际上，从深层的含义来理解，菜单是顾客获取产品信息的第一手资料，对于顾客的选择有十分重要的影响。一个优质的菜单，应该引导顾客选择商家希望他们选择的产品。想要达到这个目的，我们需要对菜单结构进行巧妙设计。

1. 菜单可以“结构化”

菜单的结构可以划分为“核心产品＋促销产品＋利润产品”：核心产品对应的是餐厅的核心竞争力，也就是一些主打或者招牌产品；促销产品对应的是餐厅的主要引流产品，比如一些低价优惠套餐；利润产品对应的则是店铺最大限度赢利的期望，主要以一些高附加值、高利润率的产品为主。

什么产品能被称为核心产品呢？可以通过以下三个因素考量。

第一，内部初步筛选。我们可以根据已有的产品销售数据进行初步筛选。可以选取三个月到半年左右的数据，目的是剔除一些季节性因素和新品上市等因素对数据的影响。我们需要把这个时间段内产品销售千次的数据整理出来，最终选取千次销售量比较高的一些产品进行分析，看我们卖得好的到底是什么样的产品。

之所以要使用销售千次数据作为参考，主要是因为餐饮企业产品的销售具有极强的不确定性，比如，在某些新产品上市之初，会因为消费者的好奇和尝鲜心理而获得极高的销量，但这并不代表新产品就能够成为餐厅的核心产品。真正的核心产品应该能够长期作为店铺的核心竞争力，所以我们需要更多的样本和更长的时间范围，才能更加精确地判断店铺内产品对顾客的真实吸引力。同时，在店内对比的基础上，我们还需要将自己门店内的产品销售千次数据与行业内同类型产品的销售千次数据均值进行对比。如果你的产品最高销售千次值低于行业平均值，则说明这个产品只是在自己店内具备较强的竞争力，但在同类型店铺竞争中并不能代表餐厅的核心竞争力，所以也不可将其定义为核心产品。

第二，消费需求。在选择核心产品的时候，我们要分析现有市场的情况如何。要考虑消费人群的消耗量，也就是大众倾向于吃什么，大众吃什么比较多。我们要考虑是不是做这个品类市场会更大。比如现在顾客都注重少糖少盐的健康饮食，于是经营各种蔬菜沙拉的餐厅层出不穷，又比如茶饮市场中的奶盖茶很受年轻人喜欢，这就是餐饮的一个大市场。

第三，供应链情况。对于供应链情况，我们主要从两方面进行考量：首先，供应链的稳定性和供应商的多元性；其次，采购成本问题。

除此之外，核心产品还应该具有可延展性，比如麦当劳主打牛肉系列汉堡，类别非常丰富，有普通牛肉堡，还有招牌豪华牛肉堡、不素之霸双层牛堡、巨无霸汉堡等。

与核心产品相对的是利润产品，如果说核心产品代表了餐厅吸引顾客的核心竞争力，那么利润产品就是在吸引顾客之后，有效提升人均消费水平的重要武器。所谓利润产品，其实就是对于餐厅来说进价较低但售价较高的产品，比如酒水、饮料等都是典型的利润产品。

我们在餐厅消费的时候经常会注意到，餐厅提供的酒水和饮料通常都会高于产品正常的零售价格，有的时候甚至是双倍。实际上，因为餐饮企业在采购类似产品的时候，都是进行批量购买，所以实际上这些产品的成本基本和超市、市场等零售商的成本价格相差无几。也正是因为如此，酒水、饮料等才能成为餐饮企业的利润产品。很多餐饮企业之所以“谢绝自带酒水”：一方面，是为了避免顾客饮用自带酒水出现问题，连带餐厅受到影响；另一方面，是为了让消费者尽量在店铺内购买这些利润产品，以提高平均消费金额。

除了酒水和饮料之外，还有什么类型的产品可以作为利润产品呢？其实对于餐饮店铺来说，只要满足如下两个条件的产品，就可以看作利润产品：首先，产品具有较高的利润率，简单来说，就是成本很低，但售价较高；其次，利润产品应该是顾客在消费过程中不可获取的补充部分，因为只有这样，顾客才会接受远高于零售价格的产品。比如，对于广东人来说，餐后一碗汤是必备的，所以对于广东的餐厅来说，就可以把汤类产品作为利润产品。

有了核心产品和利润产品，餐厅应该如何选择促销产品呢？所谓促销产品，其实就是一些毛利率低，但销量极高的大众化产品，比如外婆家的麻婆豆腐。只要是具备较低价格与广泛群众基础的菜品，都可以作为促销产品。

在我们选好了核心产品、利润产品以及促销产品后，就要根据不同产品的特点进行菜品结构设置。我们可以根据现有销售数据，按照桌均来客数、平均每人点的份数和食用量，将菜品用餐场景“套餐化”，从而达到让顾客购买更多类型产品的目的。

比如，一家店铺的桌均来客数为 2.3 人，平均每人点的份数为 2.1 份，平均每人食用重量为 750g，可如图 5–1 所示进行设计：主食类的集客商品两种，每一份分量大致在 600g；汤品、饮料、甜点等高利润率收益商品三种，每一份分量在 200~400g；

以优质菜品为主的形象商品六种，每一份分量在250~500g。通过这样的设置，当两人来用餐时，在清晰明确的菜单结构引导下，大多数消费者会选择一种主食、两种菜品和一种辅食，满足两人1300~1700g的食量需求。这样的选择，也满足了顾客社交和店铺赢利两方面的需求。

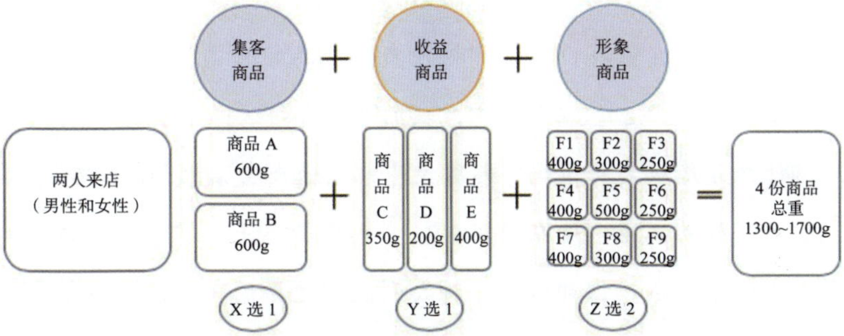

图5–1　菜单结构化设计示意图

当然，不同类型菜品的数量只是一个实例。在实际应用中，企业还要根据自己的现实情况，按照固定的结构进行设计。同时菜单也需要同步优化，以诱导顾客点餐。

结构化的菜单设计，清晰的分类，多样化的选择维度，可以让菜品尽可能合理地排列，这样餐厅擅长与不擅长的菜品也能交叉呈现，从而避免顾客点选太多偏门的菜品。菜品点偏容易让顾客形成负面认知，在菜单引导没能完全避免的情况下，需要服务员及时修正。

2. 1.3：1的黄金比例

在设计菜单时，我们可以对菜单上的菜品展示图片应用1.3：1

的黄金比例，能有效吸引顾客的眼球。如对容器的高度、面积，以及菜品的盛装厚度都可以以 1.3 倍的比例进行放大，突出产品的分量感。在价格方面也可以按照 1.3 倍的比例增加或降低，突出价格的合理性。商品食材展示也要做出 1.3 倍的差异化，比如过桥米线，各种食材分盛在各种小盛器里，增加视觉上的价值感，凸显食材的丰富性和曝光话题性。

西贝在推荐自己的超级肉夹馍产品的时候，制作了一张海报（见图 5–2）。在海报中，我们可以看到这样的字眼，“你知道什么是超级肉夹馍吗？超级大！比普通肉夹馍大约 1.6 倍”。其实这样的描述也是在应用 1.3：1 的逻辑，虽然实际上只是增加了一半左右，但却给人一种大到没有边界的印象，这对于消费者而言具备极强的吸引力。

图 5–2　西贝超级肉夹馍宣传海报

3. 黄金视点

相关机构的研究表明，人的眼球的移动轨迹趋向于由上至下，由左及右。通常情况下，左上角为视觉起始点，右下角则是视觉终点，这一规律被称为“古腾堡法则”。

所以，在一个页面当中，我们通常称左上角的位置为视觉起点，右下角的位置为视觉终点。在浏览的过程中，由于注意力集中时限的问题，我们通常会对左上区域的内容投注更多的关注，而过渡到右下区域之后，我们的注意力会出现一定程度的下降。

根据这个原理，我们在设计菜单的时候，可以把作为店铺绝对主力的产品，以大图或者图文并茂的形式展示在左上区域的黄金视点，非主力商品可采用小图或文字形式，集中压缩在右下区域，与黄金视点区形成对比。这样在消费者浏览菜单的时候，也会更容易被店铺的主力产品吸引，而商家也能更有效地赢利并获得良好的口碑。

对于一家优秀的餐饮店铺来说，菜单不仅仅是颜值担当，其实也是解说担当。顾客浏览菜单的过程，也是认识店铺、认识产品的过程。从这个角度出发，简单罗列的菜单虽然全面，但给人一种杂乱无章的感觉，就像一个新手解说一样，激情有余但专业不足。巧妙设计的结构化菜单，不仅能让人了解所有的信息，还能更加清晰地获知餐厅的主要特色和独特优势，就像一个资深的解说员，魅力十足而且经验老到，更让人信任。

锚定效应：激发顾客的购买欲望

在提升客单价的相关工作中，从内部的菜单设计入手固然有效，外部营销的手段也必不可少。在实际经营中，营销是一个真正的技术活，只有制订有针对性的营销计划，才能确保营销方案的有效性。因为消费人群不同，其营销计划就不能一样。

营销计划最关键的问题是，我们如何主动营销，使更多的顾客愿意为我们的产品买单。这就涉及有偏向性的营销方案，我们所做的一切都是以消费人群为主，要让所有进店消费的人群都感到舒心、满足。这一点其实也是优秀的餐饮企业与普通的餐饮企业之间的一道分水岭。大家都在想方设法地提高产品和服务的质量，优化就餐环境，但优秀的餐饮企业会积极地对不同的消费人群开展不同的营销活动，让消费者看到自己的高超水平，而普通的餐饮企业只会用一套营销方案面对所有上门的顾客。

所以，餐饮经营者有一个重要的任务，就是在消费人群进店之前，对不同的消费群体进行分类，再对店铺中的相关产品、服务、促销技巧等有针对性地重新制定，以满足不同人群的消费偏好。

这也是从影响客单价的外部因素分析出来的，综合考虑不同消费人群的不同消费需求、消费习惯以及消费能力。要知道，消费行为的产生，关键的驱动力是人们自身的想法，我们并不具备直接影响他人心智、改变他人习惯的能力。作为餐饮企业经营者，我们只能通过针对不同的消费人群做好对应的促销方案，吸引人们关注菜品，继而提高客单价。

从人群分类营销的角度来说，引入一个公式更能说明问题

营业额＝H（Home，家庭）＋W（Work，工作）＋S（School，学校）＋S（Shop，商店）＋E（Entertainment，娱乐）＋O（Others，其他）

从该公式中可以看出，餐饮企业可以从家庭、工作、学校、商店、娱乐和其他六个方面入手制订营销计划，让这六大类消费群体都对店铺感兴趣，愿意为店内的菜品买单，提高消费人群的客单价，最终提升营业额。

要制订有针对性的营销计划，我们应根据这六大消费人群的不同消费习惯对我们自己的餐厅现状做一个评估，看看店内的整体设计（包括产品、菜单、环境、促销技巧等）是否能够尽量满足消费人群不同的消费偏好。我们还要找出不足之处进行改善，最后追踪店铺的营销方案是否对进店的消费人群有效，是否提升了客单价。

在做人群的分类营销时，需要我们为活动产品设置一个“最优惠”的价格。在设置优惠价格时，我们要先引入一个概念，即心理学中的“锚定效应”，即人们在对某人或某事做出判断时，易受第一印象或第一信息支配，就像沉入海底的锚一样把人们的思想固定在某处。锚定效应其实在我们的生活中十分常见，我们常常会凭借第一印象，先入为主地判断一个人或者一个事物。比如，我们在对某个事件做定量估测时，会将某些特定数值作为起始值，这个起始值就像“锚”一样，影响着我们最终的判断。在抉择的过程中，我们也会受初始信息的强烈干预。

为什么要在餐饮企业的人群营销中引入这个概念？因为“顾客不是喜欢便宜，而是喜欢占便宜的感觉”。顾客在进行消费的时候，经常会因为某个产品的价格超过自己的预期，而放弃购买，而如果这种类型产品出现降价，在搞促销活动，并无限接近顾客预期价格的时候，顾客的购买欲望就会被激发。

因此，餐饮企业可以通过锚定效应进行价格设置，为不同的消费人群设置“最优惠”的价格，满足他们“占便宜”的心理。在实际的操作中，餐厅同样需要根据不同的消费场景进行有针对性的设置。

1. 家庭

家庭指的是进店消费的人群是以“家”为单位，一家人在一起用餐的情形。通常在家庭环境下，儿童大多是最受重视的成员，所以餐厅想要在家庭消费场景下，达到提升客单价的目的，可以从服务好儿童的角度入手，通过产品设计、服务设计、环境设计和促销技巧销售更多的儿童产品，从而提高家庭人群的客单价。

麦当劳和肯德基等美式餐饮店早就推出了自己的儿童餐，它们或通过在产品中设计卡通人物（见图 5–3）吸引儿童，或通过点餐送儿童玩具的促销方式（见图 5–4）提高儿童点餐量，继而提升门店的客单价。

图 5–3　儿童产品外包装设计

图 5–4　点餐就送玩具

所以，我们的店铺也可以通过推出“购买套餐，赠送玩具”的促销活动吸引孩子的目光；可以针对不同年龄阶段的儿童设计不同的儿童套餐满足孩子不同的需求；可以专为儿童设计一款创意菜单，在上面加上孩子喜欢的卡通人物或动画情节使孩子享受点餐乐趣；如果条件允许，我们甚至可以在店内开设一个“亲子餐厅”，让家长和孩子享受亲子用餐的乐趣……很多时候，只要能“笼络”童心，餐饮就“钱景”可观。

在此同时，我们也用上了锚定效应，家长只要花费很少的钱就能让孩子免费玩到有一定价位的玩具，在吃好的同时玩好，家长就会产生“我享受优惠”的感觉。

2. 工作

一般来讲，因为工作进店消费的人群往往有聚餐需求，如部门团建聚餐、庆祝活动聚餐等，或者有谈生意需求，如在与客户谈一笔订单时到了用餐时间后来餐厅吃饭并缓解一下谈判气氛等。但大多数时候，因工作而来中小餐厅消费的人群是因为聚餐，他们的特点就是人较多，但无论是部门团建，还是庆祝活动都有一个预算金额，即公司只会对当晚聚餐在一定额度内进行报销，餐饮企业可以针对这个特点为这部分消费群体制订营销方案。

要让这部分消费人群感到优惠、划算，让更多的人用更少的钱吃更多的菜，我们可以通过巧妙定价的方法达成目的。比如，店铺可以在大众点评平台发放团购券。简单来说，就是为多人聚餐的场景提供一定的优惠，而这种优惠对于工作消费群体很有吸引力，会让人们愿意组成人数更多的群体进行消费。这样一来，店铺的客单价自然会提升。

3. 学校

提到学校，餐饮企业面对的消费人群自然是学生这个群体，学生的消费能力有限，能吸引他们的自然是低价量多的食品。所以餐饮企业针对他们的营销策略应该是低价走量，如“第二份半价”“7 元一份，10 元两份”等。

> 很多学生放学后路过麦当劳甜品店，看到小吃、饮料、冰激凌甜筒第二份半价，经常会与同伴结伴购买（见图 5–5）。

除了这三大主要消费群体，餐饮企业还会面对商店、娱乐两类消费人群。针对这两类人群来说，无论是在商店购物，还是出门游玩，人们对于餐饮消费的主要需求就是可以边走边吃。所以，对于这种类型的需求而言，餐厅应该加强对产品包装的打造，用一些单独的小包装，或者便携的包装满足顾客的需求。

图 5–5　第二份半价

餐饮企业也会碰到因为其他各种原因进店消费的人群，如因赶时间而进店快速解决一餐等。这时，我们应该随机应变，尽量在满足顾客的当下需求，为顾客提供贴心服务的情况下选择有效的营销方案，从而提高客单价。

从六类人群入手，提升人均消费额

在前文中我们说过，营业额有一个公式，即

营业额 = H（Home，家庭）+ W（Work，工作）+ S（School，学校）+ S（Shop，商店）+ E（Entertainment，娱乐）+ O（Others，其他）

餐饮企业可以从这六类消费人群入手，通过提高所有消费人群的客单价提高营业额。在这里，我们用一个实际案例分析店铺的营业额是否可以进一步提升；店铺到底存在哪些不足，没有做好哪个消费群体的营销工作；我们到底应该如何做好不同消费人群的营销工作，使所有群体都愿意在店内大力消费。

假设有门店 A、门店 B 和门店 C 三家餐饮店铺，在上一年三个店铺的营业额分别为 500 万元、400 万元和 400 万元。通过对三个店铺的消费人群因素进行分析，我们可以得到以下数据（见表 5–1）。

表 5–1　三个门店的消费群体数据

	门店 A	门店 B	门店 C
家庭	30%	35%	35%
工作	20%	20%	20%
学校	10%	5%	5%
商店	25%	20%	25%
娱乐	10%	10%	10%
其他	5%	10%	5%
总计	100%	100%	100%
营业额	5000000	4000000	4000000

从表 5–1 中我们可以得到的信息是，门店 A 的营业额要高于门店 B 和门店 C，并且与其他两家门店相比，门店 A 除了家庭营业额更低外，其他的人群营业额都相差不大。这是否意味着门店 A 的整体经营情况要优于门店 B 和门店 C 呢?

前文介绍过 PPFC 营业额分析法，这个方法给我们的一个启示是，我们不能在没有对餐厅的外在商圈人口数进行调研分析的情况下，就根据表面数据下一个“某门店的经营要优于某门店”的结论，因此我们引入 A、B、C 三个门店的人口数据（见表 5–2）。

表 5–2　三个门店的数据对比

	门店 A	门店 B	门店 C
营业额	5000000	4000000	4000000
家庭	30%	35%	35%
家庭营业额	1500000	1400000	1400000
人口	50000	60000	40000
平均消费额	30	23.3	35

- 家庭营业额看似A多于B和C
- 但平均每人贡献则C多于A多于B
- A还有要跟C学习的地方，B更需要学习
- A的潜在家庭营业额 =（35–30）× 50000=250000

从表 5–2 中我们可以看到，门店 A 的人口数要高于门店 C，低于门店 B，这意味着什么？意味着门店 C 在商圈人口数更少、所在的地理位置处于劣势的情况下，其家庭营业额却与门店 B 一样，平均消费额比门店 A 更高。这样我们还能说营业额看似高于门店 B 和门店 C 的门店 A 的经营是最好的吗？

结合表 5–1 和表 5–2，我们站在门店 A 的角度分析一下应该从哪些消费群体入手，如何通过提高该部分群体的客单价提高相应人群的营业额。当然，从数据上看，门店 A 并不是经营情况最差的，它比门店 B 优异，但与门店 C 相比，它还有很大的提升潜力。如果门店 A 能够向门店 C 学习，参照门店 C 改善经营，那么最后门店 A 的营业额必然大幅上涨。

与门店 C 相比，门店 A 唯一较差的是没有对家庭消费人群做好营销。如表 5–2 显示，在人口数更多的情况下，门店 A 的平均消费额却低于门店 C，即在家庭消费群体中，门店 A 没有提高客单价。如果将客单价提高到与门店 C 一样的水平，那么门店 A 的潜在家庭营业额将增加 25 万元

门店 A 的潜在家庭营业额 =（35–30）×50000 = 250000 元

如何提高家庭消费人群的客单价呢？前文我们说过，可以通过设置儿童餐吸引家庭消费群体对菜品的兴趣，从而提高客单价。除此之外，我们还可以通过设置一个“流水式的自助取餐”营业模式提高客单价。因为顾客是在流水线旁排队浏览的，几乎看不见前面还有什么美食在等待自己，怕错过美食又需要重新排队，所以“宁可错拿，也不可错过”的心态会让很多顾客都出现“买多了吃不了”的情况。这样一来，就在无形中大大提高了客单价。当然，此办法不仅适用于家庭消费人群，还适用于其他消费群体，餐饮企业可以根据自身店铺的条件酌情考虑。

通过以上对门店 A 的分析，我们知道了门店 A 应该如何进一步提高营业额。经营情况最差的门店 B 又有哪些提升空间呢？我们站在门店 B 的角度分析，它处在最有优势的地理位置上，其商圈人口数达到 6 万，但它的个人消费金额却是最低的，主要是因为它的学校营业额和商店营业额都过低了。如果门店 B 能够针对这两类群体做好营销，提高客单价，那么店铺的整体营业额自然会上升。

针对学校的学生消费群体，除了前面提到的低价走量的营销方式，我们还有其他方法吗？当然有，学生情侣就是一个很好的切入点，特别是谈恋爱的大学生占有很高的比重。学生情侣一般青睐就餐环境浪漫的餐厅，只要我们针对这部分群体在店内打造出浪漫、高雅、有情调的气氛，再利用锚定效应从价格上吸引他们，那么他们为了在用餐时延长与对方在一起的时间自然会愿意通过点更多的菜品而在店内多留一会儿。

针对在商店购物逛街的消费人群，我们可以从女性的餐饮消费需求入手，因为逛商店的主力人群几乎都是女性，特别是青春活力的女孩。她们对餐厅的关注点一般在于是否能够提供一个足够休闲、放松的私人空间，方便与一起逛街的小姐妹交流。所以餐饮企业可以尽量为她们打造出这样一个空间，如在靠窗的位置摆上几个小圆桌，配上椅背更高的餐椅，在桌上摆一瓶鲜花。

门店 C 是否还有提升营业额的空间呢？从上面的分析中我们知道门店 C 的经营是最优异的，但它也并不是没有提升空间，最明显的就是它的学校营业额是最低的。这也许与门店 C 所处的地理位置有关，旁边并不是学校区域，但无论如何，我们都应该有不断提升改进的意识，才能让我们的餐饮企业不断成长。

第六章

优化人力成本

要想马儿跑得快，自然要让马儿多吃草。这一原则在任何企业都适用。问题的关键是，有的企业需要良驹，但自己却没有草原，因此，“又要马儿跑得快，又要马儿少吃草”便成为当下餐饮企业追捧的人力成本控制方法。在《从零开始做餐饮·开店篇》中，我们概述了“员工喜悦”如何可以成为企业的重要武器。本章我们将详细介绍各种找到人才、留住人才、提升人才的手法，让企业在与人力成本的赛跑中占得先机。

提高人效，是最好的节流方式

在餐饮企业的经营过程中，人力成本通常是排在前三位的支出项目，与食材成本、租金成本不相上下。也正是因为如此，在餐厅的成本控制方面，人力成本的降低也是重要的组成部分。

一般情况下，餐饮企业的人力成本会受两方面因素影响，一是店铺所在区域用人的单位成本，二是餐厅招聘的员工数量。也就是说，餐厅人力成本＝员工平均薪酬 × 店铺员工数量。通常来说，员工的平均薪酬基本是由当地的市场行情决定的，餐饮企业只能在市场定价的基础上在一定范围内进行调整，可操作的空间很小。所以，餐饮企业想要成功控制人力成本，只能通过尽可能少地使用员工实现。

问题的关键是，餐饮企业的人力成本控制，必须保证餐厅运营顺畅，而单纯缩减人手无异于饮鸩止渴。换个角度来理解，其实就是如果餐饮企业想要减少员工数量，同时餐厅能够继续为顾客提供良好的消费体验，保持收益的稳定性，那么每个员工在单位时间内应该完成更多的工作。简而言之，就是通过提升人效，降低店铺所需的人员数量。

提到人效，就必须深入理解人效的概念。人均劳效简称人效，代表了一个公司、企业、团队的劳动生产效率。一般来讲，餐厅的营业额 = 日人均劳效 × 当月所有员工出勤天数总和。从这个公式也不难看出，在可控范围内，随着人效的提升，即使员工出勤天数减少，餐饮企业也能保证正常的收益。

说到这里，很多商家可能会有疑问，人效的提升，不也意味着员工薪酬的提高吗？为什么会降低店铺的人力成本呢？其实道理很简单，人效更高的企业，由于每个人创造的价值更高，企业的付薪能力自然也会更强。这对于企业来说并不会增加成本负担，餐厅真正需要担心的是人效的受迫性提高，对顾客满意度和服务品质造成负面影响。比如正常 10 个人的店，一天的营业额为 10000 元，当日人效是 1000 元，但是由于活动影响，门店营业额达到 20000 元，员工数量还是 10 个人，虽然从表面来看人效变成了 2000 元，但实际上却是不得已而为之的结果。相同的员工数量，承担翻倍的工作量，这种人效的提升是以牺牲顾客的体验为代价的。上菜超时、服务不及时、服务态度差等，这些都是人效受迫性提高所带来的负面作用，会直接影响顾客满意度和店铺的口碑。

所以，在提升人效的过程中，商家也要明确自己店铺所处业态的人效标准大概是多少，并根据这个标准判断自己是需要提升员工的人效，还是出现了人效受迫性增长的现象。图 6–1 是不同业态的人效平均值，虽然不是国际认证的标准，但也是我们在餐饮行业经营多年积累的丰富经验总结出来的，具有一定的参考意义。商家可以根据数据，大致衡量自己企业的人效是否处在合理的范围。

在明确了提升人效才是最佳的人力成本节流方式之后，企业应该如何提升人效呢？关于这一点，我们在工作中总结了三个主要方法（见图 6–2）：一是优化排班，通过合理排班进行人员管理；二是流程简化，通过对店铺供应链等操作流程进行简化支持人效提升；三是制度奖励，通过制订奖励方案自主激发人员的效能。在后续章节中，我们将对这三种方法进行详细阐述。

业态	平均值（元）
亚洲料理	1180
中餐正餐	1000
火锅	1056
咖啡	1256
快餐简餐	1060
烧烤	1107
西式正餐	898

图 6–1　餐饮企业人效标准参考

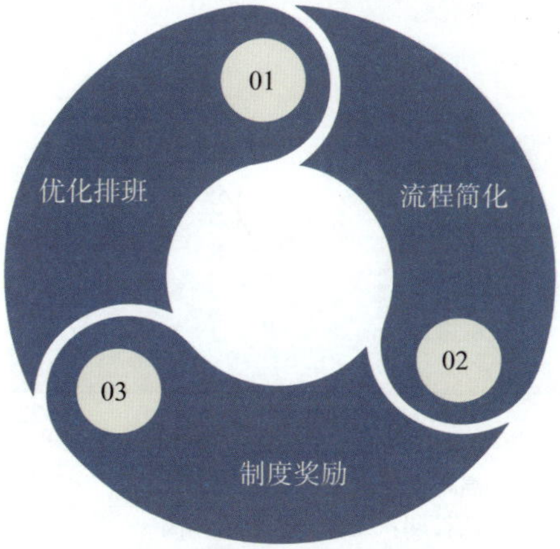

图 6–2　提升人效的三大方法

人效的提升，一直是困扰餐饮企业发展的重要问题之一。很多人认为这一问题产生的根源是主要从业人员的能力水平低下，其实，问题的核心是餐饮企业的粗放式管理。没有差劲的员工，只有不负责任的管理者。只要餐厅经营者改变自己的思维，从根本上对餐厅员工进行更细致的管理，人效的提升自然水到渠成。

优化排班，用更少的人做更多的事

餐饮店铺通常每天迎来客流的时间是从上午 10 点到晚上 10 点，中间会经历两种不同的时期——高峰期和低谷期（见图 6–3）。在高峰期，因为大多数人都正好在这段时间内有用餐需求，所以店铺会迎来最大的客流。这时，店铺通常会因为人手不足而有很大的服务压力，甚至流失很多顾客。当用餐高峰过后，店铺会迎来低谷期。在低谷期，进店用餐的客人不多。这时，店内的部分员工就会“无用武之地”，但我们还是要付给他们一样的薪酬，致使人力成本相对提升。

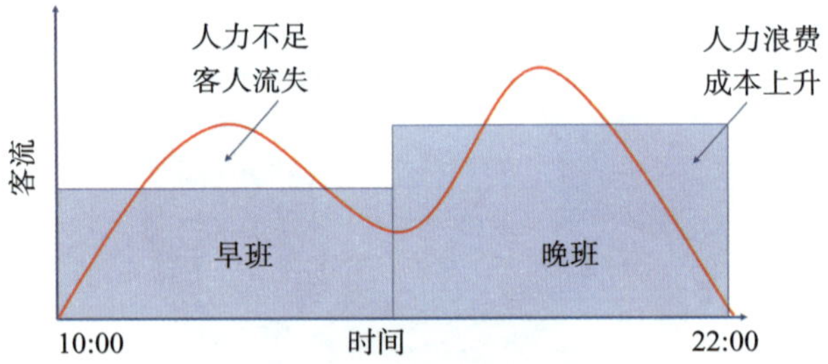

高峰期：缺人，服务压力大
低谷期：人多，人力成本高

图 6–3 餐厅经营曲线

因此，如果餐饮企业招聘的都是全职员工，就很可能出现这种经营情形，不仅推升了人力成本，而且很难充分挖掘员工的潜力。

所以如果我们要保证能够平衡好人力成本与顾客满意之间的关系，引入计时制员工是一种方法。

计时制员工指的是根据工作的小时数计算工资的员工。餐饮企业引入计时制员工的意义重大，他们能解决店铺在使用全职员工的情况下，因人力问题给店铺经营造成的困扰。

相比餐厅的全职员工而言，聘用计时制员工，成本相对低廉。计时制员工之所以价格低，主要有两个原因。首先，计时制员工时间灵活，能够根据餐厅的需求进行排班。他们可以出现在餐厅的人力瓶颈时间，例如，早晚高峰期、打烊时间。因为按小时工作，所以薪资自然更低。其次，企业一般要为全职员工缴纳五险一金，提供宿舍，而聘用计时制员工则没有这部分的成本支出。

在实际应用中，大多数的餐饮企业都将计时制员工作为全职员工的简单补充，在出现人手不足情况的时段，用他们缓解店铺生产和接待的压力。因此，在选人、用人和排班上，把计时制员工考虑在内，将他们完美地融入自己的店铺经营体系，对提高营业额来说十分重要。实际上，我们所强调的通过排班提高人效的方法就是采用兼职、全职并行的用工制度，再充分匹配餐饮店铺内消费高峰和低谷的营业额差异，精细化安排员工，做到班次分明。我们把对员工进行合理排班分为 5 个流程（见图 6–4），以此一步步达成提升人效的目标。

1. 预估营业额

要对店铺员工进行合理排班，第一步就是要预估店铺的营业额。营业额的预估原则是：在店铺正常营业的情况下，计算出前三周实际营业额的平均值，若是在前三周中有一周与其他两周的营业额的差异超过 20%，那就以正常的两周取平均值。同时，还要考虑整体营业额是呈上升趋势还是下降趋势，根据不同的走势开展预估工作。然后标注出对未来一周营业额的影响因素有哪些，最后得出未来一周的营业额预估数。

预估营业额

根据营业额和人效计算出上班人数

排班，合适人员放在合适的岗位上

核定并追踪排班计划的执行

图 6–4　排班流程

如某餐厅要预估 9 月第四周的营业额：首先取前三周的店铺实际营业额，分别为 7000 元、8000 元、9000 元；其次，我们计算出平均值为 8000 元，同时，我们标注出将影响 9 月第四周营业额的影响因素，如我们会在 9 月 28 日对餐厅的招牌菜开展特价销售活动，届时当天的营业额可能将增加 4000 元；最后，在判断出餐厅整体的营业额是呈上升趋势后，我们将未来一周的营业额预估数定为 12000 元。

总之，就是通过店铺正常的前三周经营数据统计，计算出店铺的平均营业额，然后根据得到的结果预估接下来一周的时间里，店铺在正常情况下能够取得的营业收入。在预估的过程中，要考虑营业额变化的趋势，先根据已有数据计算变化率，然后在估算的时候将可能引起变化的因素考虑在内。除此之外，计算平均营业额的时候，要注意避开特殊时期，比如节假日、承接活动等，因为这时的营业额并不稳定。

2. 根据营业额和人效计算出上班人数

在通过具体的运算得到相对准确的预估营业额之后，门店还需要了解当前餐厅员工的人效，也就是人均产出，才能计算出在未来的一段时间内，餐厅正常经营需要的员工数量。在前面的章节中，我们已经提到，餐厅的营业额 = 日人均劳效 × 当月所有员工出勤天数总和。换句话说，日人均劳效 = 餐厅的营业额 ÷ 当月所有员工出勤天数总和。根据这个公式和之前一段时间内店铺经营的实际数据，我们就可以计算出员工的人效。然后通过预估的周营业额与日人均劳效的数据，就可以计算出需要的员工数量。

比如，餐厅在 11 月的营业额为 36000 元，员工为 3 名，月出勤天数为 26 天，那么员工的日人均劳效 =36000÷（3×26）≈461 元。而从营业额公式可以推导出，门店需求员工数量 = 预估周营业额 ÷（日人均劳效 × 周上班天数）。假设，门店预估的 12 月第一周的营业额为 12000 元，规定每周上班的天数为 6 天，那么店铺的预计员工数量 =12000÷（461×6）≈4 人。

3. 排班，合适人员放在合适的岗位上

在确定了上班人数之后，我们就要对每个员工或者每个岗位进行排班，让合适的人做合适的事，才有利于提高人效，同时也使整体的工作效率得到提升。

我们可以安排操作更为熟练的全职员工直接服务于顾客，做传菜、点餐、收银、炸制等工作；安排兼职员工，特别是刚入职的兼职员工做制备、清洁、开市、打烊等间接服务顾客的工作。这样相互配合，既能降低工作过程中的出错率，又能在店铺高峰期让每个

店员都在自己最熟练的岗位上共同为顾客服务。

4. 核定并追踪排班计划的执行

排班流程的第五步是核定并且追踪排班计划的执行。对于餐饮企业来说，排班的优化是一个持续的过程，即使我们在现阶段制订了合理的排班计划，但在后续执行中，如果出现一些特殊情况，比如，商圈周边大规模的营销活动，吸引了大量消费者的到来，进店消费的顾客数量激增；或者出现极端天气，顾客数量大大减少等特殊情况，店铺也要及时对排班进行调整，按照实际情况增加或减少计时制员工的数量，以实现顾客体验与人力成本之间的平衡。

当然，对排班计划的追踪，其实也是对员工的工作监督，因为在制订排班计划的过程中，我们使用的员工人效数据是一种理想化的状态，而对于员工自己来说，其实很多因素都会影响工作效率，比如，心情、状态等。为了保证排班计划的有效性，确保在现有条件下可以达到预估的营业额，餐厅需要对员工进行即时关注，并随时纠正出现的问题，保持甚至提高员工的人效。

流程简化，提高员工效率

人效的提升除了在员工排班方面的措施之外，第二个方法是通过把店铺的生产流程和服务流程等简单化、系统化来提升员工的工作效率，最终使餐饮企业可以用更少的人做更多的事，进一步控制人力成本。对于当前的餐饮企业来说，流程的简化大概包含两个维度，一是工作流程的简化，二是培训流程的简化。

1. 工作流程的简化

作为餐饮企业的经营者，我们可以在门店制定固定的操作流程，简化工作的烦琐程度，从而降低人手的占用和人力成本的投入。从目前来看，餐饮企业的发展思路呈现两个特点，一是厨房呈现极致的效率，二是前厅（服务区）呈现极致的服务。

后厨的工作效率，一直是很多餐饮企业的痛点，而导致问题出现的关键点其实就在于没有建立流程化的工作系统。员工们各行其是，秩序混乱，大量的时间被浪费在确认信息和寻找工具上。所以，针对餐厅的后厨而言，首先我们要建立一个基本的采购—仓储—切配—烹饪—出餐的工作流程，然后，再考虑流程简化的问题。

在建立流程的过程中，首先，餐厅需要根据自己产品的特点和店铺的具体情况，为每个环节设置一个固定的标准，比如，食材采购的种类、分量与质量，不同类型原料的摆放规则，食材加工的形状与单位分量，烹饪使用的食材种类、调味料种类以及用量，菜品摆盘的规则与出餐标准等。其次，门店还需要将后厨的员工固定在自己的熟练岗位上，让他们各司其职。这样，后厨的工作流程才能实现正常运转。

说到这里，很多人可能会有疑问，从采购—仓储—切配—烹饪—出餐的工作流程来看，5个流程环节已经足够简练，那么这个工作流程还有简化的空间吗？答案是肯定的，比如，在现在的餐饮原料市场上，已经出现了很多直接提供半成品原料的供应商。虽然其价格相对更高，但直接购买半成品，可以简化甚至省略切配环节，从而进一步提升员工的工作效率。除此之外，餐饮店铺通常都会进行阶段性的经营盘点。如果在盘点内容中加入食材使用率的项目，那门店就可以通过持续的数据记录和分析，找出门店的食材采购与使用的平衡点，进一步提高员工在采购与仓储这两个环节的工作效率。

与后厨的流程简化工作不同，对于前厅的服务人员而言，原本的工作流程已经形成固定的模式，从客人进店的迎接与询问，到引位落座，到点餐上餐，再到过程服务，最后到结账送客，这些环节都是必备的，而且已经足够简化。但对于现在的服务人员来说，堂食已经不再是唯一的工作场景，外卖的加入，经常会使员工的工作流程复杂化，降低工作效率，甚至会影响顾客的消费体验。针对这种情况，餐饮企业应该将线上服务流程与线下的店铺服务流程进行区分，同时也要将员工分为两组，分别负责两个不同的流程。至于实际流程的设置，堂食的服务流程可以保留，而外卖的服务流程应该按照接单—下单—制作—打包—配送的环节进行设置。

当然，对于一些经济基础较好，有相对充裕资金的餐饮企业，也可以通过大力建设中央厨房和优化供应链等，简化员工的工作流程，提升人员的工作效率。如将毛菜改为净菜，减少技术难度和员工的固定工时，使人力资源不被浪费；还可以把自己收货改为送货到店或者与专业的收货团队合作，加快产品食材的到店。针对前厅，我们可以使用自动化设备，如自助点餐、扫码点餐、自助水吧等让前厅在保证服务质量的前提现下，同步提升服务效率。

我们还可以通过科技的力量，增加机械在餐饮店铺中的应用，在极大提升厨房效率的同时，还能直接减少企业对员工数量的需求，从而提升人效。

最经典的流程化餐饮店，应数海底捞在北京开设的智慧餐厅（见图 6–5）。在这家餐厅里，机械臂和传菜机器人取代了备菜与上菜的员工，将他们从重复的工作中解放出来。大量使用前沿科技的前提，是海底捞所具备的完善的中央厨房和供应链，菜品在送到店铺之前就已经被加工成统一包装的半成品，店铺只需要分门别类进行摆放，机械臂就可以直接按照顾客的需求进行抓取，并通过传菜机器人进行传送。同时，在海底捞智慧餐厅的后厨，洗碗的工作也是由机器人完成的。这样，从备菜、传菜到回收、清洗，整个就餐过程都在科技的作用下形成了固定的系统。在这个流程中，甚至不需要太多人工干涉。

图 6–5　海底捞智慧餐厅和传菜机器人

通过供应链优化与科技赋能的方式，员工在工作过程中，会省去很多琐碎的环节。工作流程被简化，员工的人效自然水涨船高。

2. 培训流程的简化

无论是全职员工，还是兼职员工，要提高他们的劳效，对其进行必要的培训也是不能忽视的。虽然很多餐饮企业都有自己的一套培训方案，但是一般情况下，餐厅都会从生产经营的各个环节对员工进行培训：对于服务人员，培训流程会按照迎宾—引位—点餐—上菜—服务—结账—清理等环节进行设置；对于后厨人员，培训流程会根据原料取用—食材清洗—工具取用—烹饪流程—出餐—餐具清洗—收档等环节进行设置。在这种大而全的培训模式中，少则一个月，多则一个季度，员工才能真正融入餐厅的工作。

我们应该如何对餐厅的培训流程进行简化呢？首先，在员工进入餐厅的第一天，我们就要明确他的目标岗位，并针对其工作的内容进行培训设置，比如，针对后厨的切配岗位，我们最主要培训各种食材的切配标准与制作方式；对于迎宾人员，我们最主要培训迎来送往的话术。

其次，在培训的过程中，我们可以尽量将理论融入实践。比如，在培训负责上菜的员工的时候，我们可直接告知他们一些端菜和上菜的技巧以及注意事项，譬如，盘子或碗的握持方式，菜品摆放的次序与位置等。在培训过程中，让员工直接上手操作，然后在操作的同时，我们可以讲解这么做的原因，加深员工对这些技巧和方法的理解。

通过上面所说的方式，餐厅的培训流程就可以简化为定岗—实操训练的极简流程。在这个基础上，其实我们还可以引入视频课程或者第三方机构培训的内容，将老员工从培训工作中解放出来，投入本职工作，平衡正常运营和新员工培训之间的人力资源调配。

将培训流程简化、制作出一套简易系统化的培训方案的具体方法，需要餐饮经营者根据企业原本的培训机制和店铺的实际工作流程仔细考虑，只要明确了简化培训流程的目的和抓住了培训员工与提高人效的联系，就能找到方法。

当然，如果企业在制定自身培训流程的时候存在问题和疑惑，也可以借助工具的帮助（见表 6–1）。

工作流程的简化，目的是让员工可以更加高效地工作。培训流程的简化，是为了让员工可以更加高效地提升能力。这两种方案既可以同时使用，也可以分别操作，企业需要根据自身的需求和主要问题进行合理的选择。

表 6–1 餐饮企业培训工作设置流程

流程	目的	具体操作	注意事项
培训需求分析	了解问题：分析企业员工还存在哪些能力上的缺陷	1. 统计出餐饮企业需要的人才应具备哪些知识和技能 2. 列出员工与此之间的差距	一定要在简化后的操作流程指导下对员工存在的问题进行分析
排定培训计划和训练班表	1. 合理安排好培训人员和培训内容 2. 将培训计划输出为具体培训课程表	1. 罗列员工需要通过培训改进的地方 2. 排定训练的完成时间节点	1. 提前告知参加培训的员工该训练计划 2. 排定的训练班表，尽量百分之百完成
针对性培训	让整个培训工作按高标准高效执行，减少训练时间浪费和流程不清晰对训练质量的影响	1. 让受训者按照标准的、简化的流程来操作 2. 让受训者持续练习，逐步减少指导，直至其百分之百正确掌握岗位所需的所有技能	1. 体现出良好的清洁消毒与安全意识 2. 体现出对设备的爱护 3. 体现出“顾客第一”的核心理念

制度奖励，降低人才流动率

众所周知，从过去到现在，餐饮始终是一个人员流动率居高不下的行业，很多餐饮企业正在遭受人才流失对企业经营造成的伤害。

首先，后厨人员的流失致使产品质量浮动。通常来讲，餐饮企业产品的优劣是吸引消费者，并且留存老顾客的核心因素，一旦后厨人员流失，会对产品的质量和顾客的消费体验产生不良影响。关于主厨级别的人才流失所造成的危害，我相信不用过多描述，大家就都可以体会。但是，不要以为只有流失这些高端人才，才会给餐厅运营带来伤害，即使只是一个小小的切配岗位，也有可能会对整体烹饪的过程产生持续影响。人手的缺少导致菜品制作流程滞后，这对于追求火候与技法的食物来说，足以导致菜品质量下降。同时，人手不足也会造成工作进度推进缓慢，从而使顾客等待上菜的时间进一步延迟，影响顾客的消费体验。

其次，对于餐饮企业来说，除了提供产品的后厨以外，前台的服务人员也是重要的人才资源。如果服务人员频繁更迭，一方面企业不得不拿出大量的时间、精力和资金资源持续培训，另一方面也不得不面对服务人员工作不熟练带来的顾客差评和埋怨。除此之外，资深服务人员的流失甚至还有可能造成老顾客的一去不复返。因为一般情况下，顾客并不会与后厨的工作人员产生直接联系，而是通过与服务人员的沟通将自己需要的菜品类型和口味需求告知后厨。在这个过程中，顾客与服务人员之间随着消费次数的增加，会逐渐建立一种类似于友情的紧密关系。

马未都先生曾经在一个节目中回忆自己去全聚德就餐的经历。全聚德的服务人员对于老顾客并不像对待新顾客那样小心谨慎、面面俱到，相反，双方的对话更像是朋友之间的插科打诨。马先生想要菜单的要求不但没有被满足，反而被直接安排了“老几样”。不过马先生并未因此不满，而是欣然接受。

这件事体现的其实就是老顾客与服务人员之间的默契。如果资深的服务人员离开，最先感受到不习惯的就会是与其有着情感联系的老顾客。虽然这种不习惯并不像失去了熟悉的味道那么明显，但违和感毕竟存在，老顾客的离开也一直是正在进行时。

最后，从当前的市场形势来看，劳动力人口素质提升，数量下降，人力资源的成本正在逐渐上升。这也就意味着，在招聘新员工的时候，企业要付出越来越高的用工成本。对于企业来说，人员的流失与新员工的招聘是同时进行的，俗话说“一个萝卜一个坑”，有人离开，就需要新的员工填补这个岗位空缺。在人员的更迭中，我们不得不在薪资方面付出更高的成本。

所以，餐饮企业在面对如此严峻的人才流失情况时，必须考虑留住人才的问题。那么餐饮企业应该如何留住员工，怎样保持企业员工的稳定存续呢？关于这个问题，我们可以从员工流失的不同场景进行分析。

1. 新员工的流失——薪酬激励

曾经有权威机构统计过，对于企业来说，最容易出现员工离职的几个时间段就是员工进入公司的第一天、第七天以及第三十天。换句话说，在企业当中，最容易离职的就是新员工。

为什么新员工容易流失？主要原因有两个，一是门店对于新员工关怀不够，二是薪酬问题。

那么员工关怀如何做呢？第一，新员工做入职介绍时，要让员工受到重视，比如每一个新员工入职的时候，店长都应开会隆重介绍。第二，重视员工的二次介绍。什么是二次介绍呢？就是员工来企业一段时间后，店长或管理层与员工沟通，了解员工的工作感受和遇到的问题，及时为员工答疑解惑。

当人员关怀做得很好，新员工还是不愿意留下来时，可以考虑是不是薪酬问题。这也是为什么很多餐饮企业都在建立自己的薪酬激励体系。

所谓的薪酬激励，其实并不是指直接提高员工的工资，而是通过薪酬激励制度的设置，让员工获得更多的收益来源和更高的收入预期，从而提升员工对工作的接受程度，避免新员工的流失。

（1）增加员工收入来源。一般餐饮企业的员工大多都是岗位工资制，简单来说，就是根据不同的工作类型和岗位级别确定薪资额度。要想增加员工的收入来源，我们可在现有的岗位工资制上，增加一些额外的薪资收入项目，比如，加入工龄工资，让员工的工资随着工龄增长而提高；又如，建立奖励制度。

（2）提高员工收入预期。除了增加员工的收入项目以外，我们也可以引入绩效工资的内容，通过多劳多得的薪酬制度，将员工的工作努力程度与自身的收入水平结合在一起，提高收入预期的同时，也会激励员工的工作动力。

比如，海底捞为了提高员工的收入和工作动力，在底薪的基础上增加了计件制工资。简单来说就是，员工在工作过程中，完成某些特定工作，就可以得到相应的计件工资。比如，以前厅的服务人员为例，吸引一个顾客进店可以得到两元，销售一瓶饮料可以得到 0.2~0.5 元，上菜一次可以得到一元等。所有任务所得的奖励，海底捞都是用筹码的形式进行统计的。员工完成任务之后，需要到前台领取对应的筹码，然后在下班之前交给领班进行记录。最后，在结算工资的时候，如果员工的计件工资没有超过底薪，则按照底薪发放；如果超过了底薪，则按照计件工资发放。

2. 老员工的流失——晋升激励

相比新员工来说，老员工在餐厅工作了很长时间，能够一直坚持下来，最起码可以说明他们对于餐厅的薪酬、环境、制度等因素基本是满意的。对于这种类型的员工来说，他们可能更需要的是职位晋升带来的企业地位提升和能力认可。

作为餐饮企业，想要避免老员工流失，我们应该明确店铺内的职位晋升制度，员工在工作达到一定年限，或者具备一定的技能和管理能力之后，就应该给予员工晋升的激励。比如，服务人员在工作达到三年之后可以晋升为大堂经理，大堂经理工作五年之后可以晋升为经理，经理工作七年之后可以晋升为店长。通过这种明确的晋升路径，让老员工对未来充满希望，从而实现留存人才的目的。

3. 管理人员的流失——股权激励

从某种程度上来讲，管理人员作为店铺经营的实际组织者和最了解企业核心竞争力的员工，其实是企业应该极力避免流失的人才。

既然管理人员对于企业如此重要，我们应该如何留住管理人员呢？说到这里，就不得不提到一个管理人员激励方式——股权激励。无论管理人员对于企业的需求主要针对的是物质还是心理层面，股权激励都能完美地解决问题。

如果管理人员想要从企业获得更多的收益，那么企业给予他们股权之后，除了固定的工资和奖励之外，在经营周期结束的时候，管理人员还会获得股份的分红，可以满足管理人员的物质需求。如果管理人员想要更高的企业地位和话语权，通过股权激励，管理人员也可以成为股东大会甚至董事会的成员，拥有参与并影响决策的能力。

当然，股权激励的作用不仅于此，更重要的是，股权激励可以让管理人员和企业成为一体同心的利益共同体，企业的收益直接关系到管理人员的收入，这样会让管理人员产生为自己工作的感觉，提升工作积极性的同时，也能最大限度地避免管理人员流失。

不过，在进行股权激励的时候，餐饮企业的经营者要注意激励的额度和自己持有的股权数量，避免股权过于分散，甚至丧失对餐厅的控制权。

第七章

控制食材成本

随着餐饮行业的整体上行，同质化竞争的情况越发严重。其中一个比较突出的表现就是，在一定区域内的同类型餐厅中，菜品价格基本保持统一。在这种情况下，食材成本控制就显得尤为重要。因为食材成本降低，在同样的菜品价格下便可以获得更高的利润，店铺的未来发展自然也能够具备更多的可能性。

从食材的流动中控制成本

一般来说，餐饮企业的经营成本可以分为可控成本和固定成本两大类。其中，固定成本指的是房租、设备折旧费等单位时间内基本稳定的支出费用。而可控成本通常指的是店铺根据具体经营状况可以灵活调整的支出费用。本章将重点讲解可控成本中的食材成本。

所谓食材成本，顾名思义就是和制作菜品的原材料相关的成本，其中包括食材的采购、仓储、加工等环节产生的费用。在讲解具体的食材成本控制方法之前，我们先来了解一下为什么餐饮企业要进行食材成本控制。从店铺的利润获取角度来看，成本越低，利润率越高是亘古不变的法则。食材成本控制得越好，对餐饮企业的发展自然越有利。

目前来看，很多餐饮企业的食材利用率一直处于较低的水平，尤其是中小型餐饮企业，由于经营者往往白手起家，所以相对缺乏经营管理方面的经验，在进行实际工作的过程中，经常会出现理论与实践脱离的情况。而过多采购和存储，不仅提高了店铺经营的成本，还容易造成食材的浪费。所以，做好食材成本控制还要求餐饮企业重视食材利用率。

虽然现在已经有很多餐饮企业的经营者认识到食材成本控制的重要性，但大多数人对于食材成本的认知依然停留在采购环节，只是单一地寻求价格更优惠的原料市场。在餐饮消费日益升级的今天，人们对于菜品质量的要求越来越高，而优质的食材是菜品质量的重要保证，在这样的情况下，如果餐饮企业一味地在食材采购上控制成本，对于自身的经营反而是一种不利导向。那么，餐饮企业究竟应该从哪个经营环节入手进行食材成本控制呢？答案其实很简单——食材的流动线。

一般情况下，餐饮企业的食材流动线可以分为 5 个流程节点：前期准备、粗细加工、烹饪制作、出餐以及收档。每一个流程节点又分别对应多个不同的具体环节（见表 7–1），每一个环节出现疏漏都会对食材成本产生影响。所以相应地，我们在进行食材成本控制的时候，采取的措施也应该精细化到每一个细节。

表 7–1　食材流动线整体流程

流程节点	具体环节
前期准备	1. 报货、收货、验货 2. 储存、解冻
粗细加工	1. 泡香料 2. 切小料 3. 做辅料
烹饪制作	1. 腌制 2. 烤制 3. 炒制（炖、烩）
出餐	1. 摆盘 2. 检查
收档	1. 收货 2. 储存 3. 清洁

关于精细化的食材成本控制，以百胜中国和麦当劳为代表的大型连锁餐饮企业，已经为我们树立了成功的范例。比如在烹饪环节，它们会通过食材成本卡，计算出每个产品所涉及的全部食材理论使用值，然后把实际使用量与理论使用量的差异分为正常损耗和不明差异，并以周和月为单位进行分析。一旦出现不明差异，门店的管理者需要迅速地发现出现问题的环节和食材的类型，同时根据实际情况制订解决方案。这是在这些大型连锁餐饮企业中，每一个门店管理者都需要掌握的食材成本管理方法。除了烹饪环节以外，它们在其他环节也会设置具体的食材相关操作标准，用以控制食材的非必要消耗，控制食材成本。

大企业的成本控制优势在于生产的高度流程化和标准化。在中央厨房的辅助下，食材的准备和使用都有章可循，并且有明确的数字化标准对各个食材流动环节进行有针对性的调控。但对于中小型餐饮企业来说，想要模拟这种系统的管理体系难度很大，主要是因为硬件条件无法与大企业相比，缺少标准化的菜品制作工艺，生产的流程化程度也相对较低。但换个角度来想，其实中小型餐饮企业并不需要进行如此细致的成本控制。

大型餐饮企业之所以在食材成本控制方面事无巨细，有两个主要原因：第一，产品种类丰富，需要用到的食材也多种多样，在切配和烹饪过程中更容易出现失误；第二，菜品的制作数量大，每一个失误都有可能造成不可挽回的损失。但作为中小型餐饮企业而言，并没有这些方面的顾虑，体量的小型化让中小型餐饮企业的经营容错率更高，所以在控制食材成本的过程中，对每一个食材流动环节设定的控制标准，可以相对粗放，不一定要精确到具体数字。那么，在具体操作中，中小型餐饮企业应该怎样进行食材的成本控制呢？接下来，我们就按照食材流动线的流程环节逐一进行讲解（见图 7–1）。

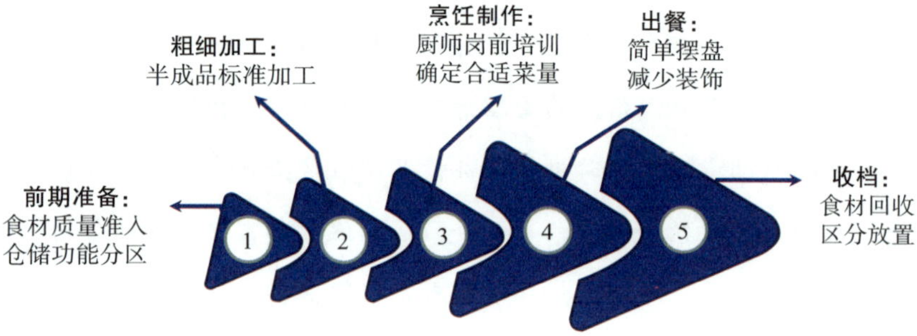

图 7–1 食材流动线中成本控制要点

1. 前期准备

前期准备阶段主要是指食材的备货和仓储。在没有特殊节假日的前提下，餐厅在选择原料进货数量的时候，可以把过去一段时间内菜品的销售情况作为参照。从笔者的角度来看，以三天或者一周为单位时间比较稳妥。因为时间距离较近，数据作为参照的有效性更有保证。

除了数量的标准以外，对于食材的品牌、规格和质量也要设置一定的标准（见表 7–2），否则在验货的过程中，可能出现以次充好的问题。而质量不达标的食材，不但不能用来制作菜品，而且还会占据仓储空间，增加成本，最终也只能是在保质期过后白白浪费。所以，在食材进入仓储之前，我们就要严格把关。至于食材质量的标准如何设置，笔者的建议是以同市场区位、同产品类型的竞争对手为参照。

表 7–2　厨房原材料收货标准示例

品名	种类	货品要求
青尖椒	鲜蔬	表皮光亮，大小均匀，无虫眼、腐烂
四季豆	鲜蔬	表皮光亮，大小均匀，无虫眼、腐烂，嫩，圆根类（扁的不要）
鲜淮山	鲜蔬	不短于 30 厘米，直径不小于 3 厘米，无泥沙
本地菜心	鲜蔬	叶、梗嫩，无虫眼，叶面光亮新鲜，无水
红尖椒	鲜蔬	表皮光亮、坚硬，色红，大小均匀，无虫眼、腐烂，顺直
生菜	鲜蔬	叶嫩、无虫眼，叶面光亮新鲜，无水
西兰花	鲜蔬	花绿，梗短，花紧，无虫及虫卵
芽白	鲜蔬	去老叶，叶无斑点，无虫眼，无水

在条件允许的情况下，我们可以采购质量略高于对手的食材，这样既能从源头上超过对方的菜品质量，也可以保证在该区域的有效竞争力。如果餐厅处于起步阶段，资金相对短缺，也要尽可能与对手企业的食材质量保持一致。

在收货时，如果货品质量没有达到标准，我们可以拒收。这时就需要我们说明问题，将食材生产日期、产品编号以及拒收产品数量等相关信息整理好，并保存好拒收的产品以便供应商取走。同时还要立即向督导报告发生的问题，填写产品反馈单。

同时检查货箱产品状况，按进货单核对货物，检查货物外包装是否完好：冷藏货应检查外包装是否有水阴湿、塌陷痕迹，应该接收或使用无破损、未开封、无泄漏、清洁的箱子；冷冻产品应冷冻坚固，冷藏产品应达到温度要求（同类货物进货 10 箱下抽检 2 箱；10 箱以上抽检 4 箱，每箱 1 袋，检查是否因化冻而粘连在一起）。通常情况下，冷藏产品的保存温度必须达到 1~5 摄氏度，冷冻产品应保存温度为 –10~–20 摄氏度。

还有一点非常重要，要检查产品的保质期，以确保还有足够的时间使用。所有冷藏、冷冻产品在收完货后应立即放回冷藏、冷冻库中。

在食材进入仓储环节之前，我们需要对店铺的仓储空间进行功能分区，比如按照常温保存和低温保存进行划分，或者按照取用的方便程度进行划分，也可以两者同时进行。总而言之，要让食材待在自己最适合的位置上，这样才能保证食材完好保存，避免出现变质而不能使用的问题，从而物尽其用，节约成本。有关食物的储存注意要点，我们会在下节进行详细讲解，这里不再赘述。

2. 粗细加工

粗加工指的是对食材进行预处理，经过切配制作成直接可以用于烹饪的半成品。举个简单的例子，比如土豆，我们将它的皮去掉，就是粗加工。在这个过程中，经常会因为处理方法不当而造成食材浪费的情况，所以在粗加工阶段，我们要制定固定的加工标准。这里就涉及一个词——应产率，简单来说，也就是原材料经过处理后要有一定的标准出成率（见表 7–3）。

表 7–3 应产率示例

品名	实际进货（斤）	库存（斤）	销售（盘）	单盘重量（斤）	出成率	标准出成率	差异数	差异原因
白菜						70.00%		
茼蒿						90.00%		
菠菜						90.00%		
香菜						90.00%		
生菜						90.00%		
油麦菜						90.00%		

（续表）

品名	实际进货（斤）	库存（斤）	销售（盘）	单盘重量（斤）	出成率	标准出成率	差异数	差异原因
苦菊						90.00%		
油菜						85.00%		
韭菜						90.00%		

细加工就是对食材进一步处理，比如将已经去皮的土豆再切成丝状或丁状。这个过程中也涉及食材成本的管控，我们同样举个简单的例子，比如处理牛肉，较厉害的厨师可以将 600g 的牛肉加工处理成三份 200g 的牛排，而差一点的厨师则只能处理成两份牛排，剩下的只能作为边角料，比如加工成牛腩。这在无形中就增加了食材的成本，因为牛排的价值远高于牛腩。所以我们可以通过培训帮助各个切配人员熟悉并掌握标准操作流程和手法，尽可能避免细加工过程中出现成本损耗。

3. 烹饪制作和出餐

烹饪制作环节容易出现的问题与粗细加工阶段基本一致，主要也是因为食材的浪费。首先，厨师在烹饪过程中，出现失误的情况在所难免。通常我们会把这部分食材损失看作正常损耗，但如果厨师经验不足，出现问题的频率过高，就容易造成食材的浪费。其次，菜品的分量与顾客的需求没有形成匹配，顾客就餐过后会留下很多剩饭剩菜，这也是食材的浪费。

在这种情况下，为了实现对食材的有效利用，我们需要做好菜品生产的标准化管理，主要可以从以下两个方面进行。

（1）操作流程标准化。对厨师操作进行规范化管理，制定标准的烹饪步骤（见图 7–2），对厨师做好标准化培训，严格按照规定流程进行操作。

西红柿炒鸡蛋的标准制作流程			
1	**葱花爆香** 起锅，倒入 10g 色拉油，放入 4 段葱花，翻炒 3 秒钟，爆出香味	2	**混合翻炒** 下西红柿翻炒至出汁，约 2 分钟，下入提前炒好的鸡蛋

3	**调料入味** 放盐和糖各一平勺，继续翻炒 2 分钟	4	**出品奉客** 关火出锅，用分餐勺撒一平勺葱花，准备奉客

图 7–2　标准操作手册示例

（2）投量标准化。预制符合菜品规格的半成品，统一调味料盛取器具，以规范食材用量，降低失误的概率。除此之外，我们还要根据餐厅日常就餐数据的统计，确定适合大多数顾客的单品菜量，尽可能避免浪费。

出餐时，很多餐饮企业很喜欢在摆盘方面下功夫。比如，用掏空的南瓜作为菜品的容器，或者用雕刻精美的萝卜、其他食材作为装饰等，这些做法虽然提升了菜品的格调，但同时也增加了很多不必要的食材投入。类似这些用于摆盘装饰的食材，大多数顾客在就餐的过程中并不会食用，但这些东西又很难被二次利用，所以只能作为厨余垃圾进行处理。

其实，除了这种方式以外，提升菜品格调的方式有很多，我们可以使用一些仿真的器具和装饰代替真正的食材，虽然从质感上来说会存在一些区别，但同样可以起到造就仪式感的作用，同时还可以节省食材成本。

4. 收档

在阶段性的经营结束后，餐饮企业要进行收档和盘点。这时，很多剩余的食材经过一段时间的放置，质量可能已经下降，也有部分食材依然可以使用。其实，如何判断哪些食材可以继续使用，能够继续使用的食材又要如何存储，是收档环节需要重点考虑的成本控制问题。

一般来说，像肉类和已经处理过的半成品基本上没有办法长期保存并使用，但类似马铃薯、红薯、洋葱、山药等可以长期储存的蔬菜，在没有切配的情况下可以持续使用很长时间。但在进行仓储的时候，这些剩余食材要和新鲜采购的食材分开放置，一方面为了避免质量不同的食材混合在一起，另一方面为了提醒员工优先使用剩余食材。

在本节，我们对如何从食材的流动线中控制食材成本进行了整体阐述，但在方法的细节方面还不够具体，在下面的章节中，我们会进行详细讲解。

三招教你减少厨房浪费

厨房是食材使用的主要区域，也是食材浪费的重灾区。很多餐饮企业都把厨房当中食材的不必要消耗视为理所当然，其实控制好厨房浪费也是成为优秀餐饮企业的必经之路，正所谓“一屋不扫，何以扫天下”。

通常来讲，餐饮企业的厨房浪费分为三种形态：预估浪费、直接浪费以及间接浪费。预估浪费指的是由于预估营业不准确带来大量的食材浪费。预估过多，制备物料无法在有效期内使用完毕从而造成浪费；预估过少，导致出餐时间过长、顾客满意度下降带来退菜、换菜等食材浪费。直接浪费主要是员工直接制作菜品时，由于做错或者菜品晚于奉客时间带来的退菜、换菜导致的食材损失浪费。间接浪费是由于食材预制不标准无法使用而造成的食材浪费，或者在搬运转移过程中造成的浪费。

针对这三种不同形式的厨房浪费，我们需要按照实际情况，制订合适的解决方案（见图 7–3）。

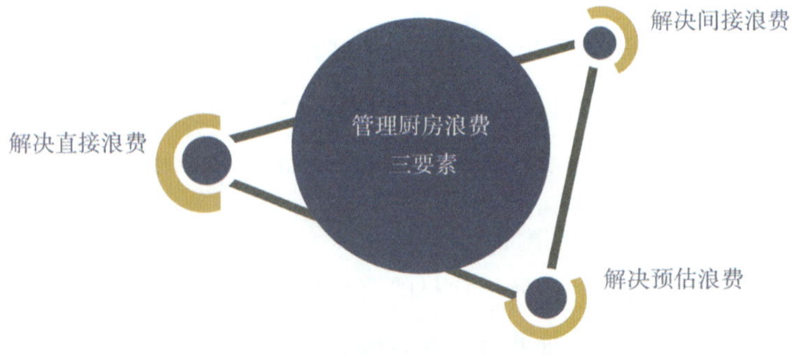

图 7–3　管理厨房浪费三要素

1. 解决预估浪费

解决预估浪费的方法很简单，只要门店能够实现合理的预估，保证预估的数据与实际情况不会出现太大偏差，基本上就可以保证食材的精确准备。那么，作为餐饮企业，我们应该如何合理准确地预估营业额呢？

其实我们可以把营业额看成基数 + 变量，在借鉴过去一段时间内的经营数据和变化趋势的具体情况，进行同比上调的同时，也要充分考虑一些特殊情况。比如，你要预估下个周一的营业额，就要看前三周的每个周一的营业额，同时也要看最近的变化趋势，比如营业额进入旺季持续走高，那基数的预估值也应同比进行上调。

相比基数来说，变量的考量更加容易出现偏差，比如产能、节假日、商圈社区活动、门店促销活动以及天气原因等不可抗力因素。有时，我们可能忽略了一个电影的上映时间，客流超过预估，但我们的食材准备并没有提前做好，这样就会导致我们的服务能力不足，一部分顾客可能无法进店用餐，不仅损失了利润，也容易给消费者造成不好的印象。所以，对于变量的考察要具备前瞻性，充分考虑在未来时间内可能出现变动的事物，尤其是一些有一定概率能够形成消费热点时刻的事物，其动向我们要时刻予以关注。

在通过基数 + 变量的方法确定了预估的营业额之后，我们还需要将整体的营业额转化为具体的菜品消费类型的预估。在这里我们要用到一个概念，那就是消费频次，并以此来衡量一个菜品的售卖情况。

一段时期的菜品消费频次 = 菜品售卖量 ÷ 桌数。计算消费频次需要过往一段时间内营业数据的积累，通常我们会用上个月的数据作为主要参照。然后根据多个计算结果的叠加，最终取一个平均值。

在计算出菜品消费频次之后，结合预估营业数据和店铺的平均客单价，就可以通过推算得出产品的售卖预估。

比如今天门店预估营业额为20000元，平均客单价是200元，红烧鸡块的消费频次是0.25，售卖预估即为（20000÷200）×0.25=25份。这样我们就可以知道，在营业额为20000元的情况下，红烧鸡块这一菜品的制备数量就应该为25份。当然，我们也可以在此基础上通过早晚班的营业额比例，算出早晚班需要制备的数量。

2. 解决直接浪费

针对直接浪费的情况，门店需要询问观察或者管理组亲自实践，在具体操作过程中找到具体原因。产能是否足够？制作动线是否合理？制备半成品是否充足？

（1）生产标准化。在介绍食材成本控制环节，我们提到了菜品生产的标准化管理，生产标准化不仅可以有效避免食材浪费，还可以帮助餐厅稳定菜品质量，极大地降低厨师在制作过程中的出错率，从而解决直接浪费问题。

（2）准确传递信息。要想有效避免直接浪费，除了借助生产标准化管理稳定菜品品质，我们还要注意保障信息传递的准确性，避免由于信息传递错误而导致顾客换菜、退菜。这一点，我们可以利用先进的科学技术手段，让顾客直接电子下单，借助先进数字设备直接将订单信息传递给后厨工作人员。

此外，在用餐高峰期，还应保证足够的产能，尽量做到专人专职，有效避免忙中出错。同时，还需要注意的是，如果用餐人数过多，需要顾客等待的时间较长，可以提前告知顾客，让顾客做好心理准备。

3. 解决间接浪费

解决间接浪费，主要是通过制备过程的管控。我们需要思考什么产品可以制备、制备数量是否合理，以及制备的标准度。如果缺乏工具，管理者需要提供相应的工具。例如标准作业程序要求酱料为 28ml，但勺子都是 30ml 的，就会导致员工的操作偏差。在这种情况下，我们应该及时定制新的工具，辅助员工的操作。

除了工具以外，动线交叉、动线过长、通道狭窄等餐厅不合理设置，也容易造成食材在运动过程中因为掉落而浪费的情况。关于这个问题，我们可以通过餐厅动线的重新设置来解决。所谓动线，是建筑与室内设计用语，指将人在室内外移动的点连接起来的线，应用到餐厅设计中，就是指将人在餐厅内的移动路线。合理的动线设计能够有效提高员工工作效率，避免间接浪费。具体设计方法，我们可以参照以下三个原则（见图 7–4）。

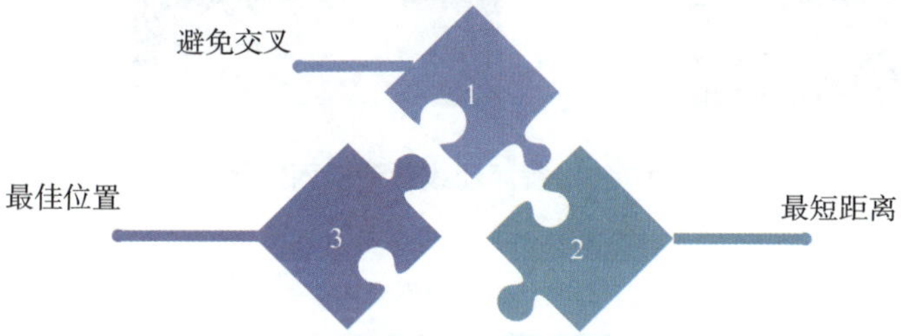

图 7–4 餐厅动线设计三原则

（1）避免交叉。如果动线交叉，会导致不同岗位的操作员在忙碌的过程中彼此触碰。这种触碰会导致两种结果——发生碰撞或者避让，这两种情况都会影响效率。

（2）最短距离。拿取物料、餐具、工具等的距离最短，缩短员工的走动距离。低谷期尽可能设置一人多岗操作，减少岗位之间的走动距离，以此提升效率。

（3）最佳位置。岗位所需要的物料、工具、所用设备应定位合理，尽量设置在岗位上下、左右、前后，充分利用空间，减少员工拿取、操作时的移动，以此提升工作效率。取用完成后也要放回原位置，不能随意摆放，影响通道空间。前台用餐空间的桌椅板凳也要合理规划，留出人员通行的道路，不能为了增强接待能力，放弃通道的功能（见图 7–5 和图 7–6）。

距离（动线）过长，动线交叉，位置不佳

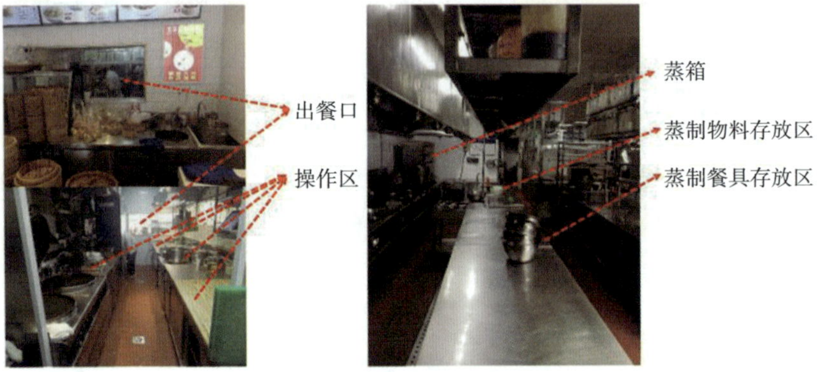

图 7–5　餐厅动线设计反面案例

“U 形设计”距离（动线）短，位置佳，动线不交叉

图 7–6　餐厅动线设计正面案例

解决了餐厅厨房的预估浪费、直接浪费以及间接浪费，我们就可以实现食材在厨房区域内的高效利用。但实际上，在具体经营中，些许误差依然是存在的，比如预估的数据可以无限接近实际情况，但很难精准预测。所以，我们必须在经营过程中，不断积累经验，增强各种运营技能，努力将食材成本控制做到极致。

说到这里，有必要提醒一下各位餐厅老板，我们除了要从自身出发杜绝浪费以外，对顾客也要进行必要的建议甚至督促。虽然不能强迫顾客“光盘”，但起码我们可以号召顾客响应环保倡议，减少浪费食材。

如何储备食材

说到仓储，大多数餐饮企业经营者都不会陌生，因为仓储功能是每一家餐厅必备的功能，而且一些规模相对较大的餐饮企业甚至会配备单独的仓储库房。但如果涉及仓储的细节与规范，我相信很多人还停留在一知半解的阶段，因为在这些经营者看来，仓储只是一个需要存在的功能，但不是必须深究的环节。

事实真的如此吗？答案当然是否定的。食材的合理储存对于门店的食材成本管控和员工操作效率提升至关重要。在餐饮企业当中，经常会发生由于产品批次用错导致产品出现过期浪费的情况。这种浪费相比其他因为操作不当而产生的消耗，显然在量级方面要远远胜出，而这就意味着食材成本的大幅提升。

除此之外，因为食材在储存中没能有序排列，所以也会出现在忙乱中，找不到需要使用的食材的问题。尤其是在订单高峰期，当仓储空间被频繁翻动之后，寻找食材的工作会越发困难。食材找不到，菜品的制作就没有办法按照既定时间进行，顾客的等待时间也会不断延迟，从而影响顾客的消费体验，在极端情况下甚至还会引起顾客对员工或者餐饮企业的投诉。而员工也会在这个过程中，出现情绪的变化，抱怨、不满，这些都会对后续工作造成影响，还有可能因为心情问题造成食材的额外浪费。

所以，对于餐饮企业来说，仓储工作一定要做好，不然在后续的食材取用中会产生各种各样的问题。因新鲜禽类、蛋类、肉类以及各种蔬菜等食材的保鲜期限相对较短，所以绝大多数餐饮企业都会当天进行采购。在这里，我们就主要讲一讲储存时间相对较长的一些食材的储存方法，比如需要冷冻或冷藏的食材、干货食材以及食品辅助材料等（见图 7–7）。

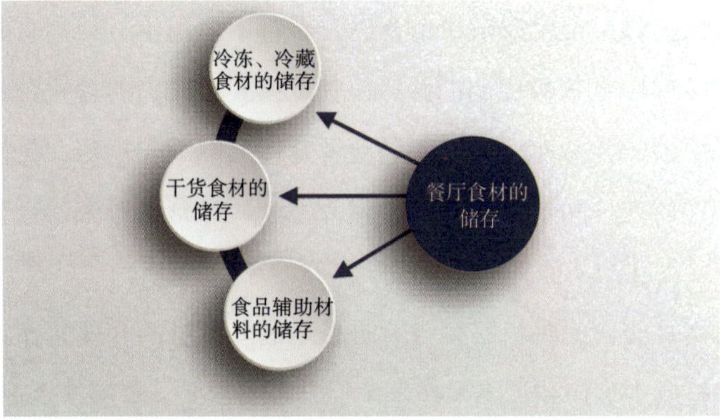

图 7–7　餐厅食材的储存

1. 冷冻、冷藏食材的储存

相对来说，需要冷冻或者冷藏的食材在储存的过程中是比较难处理的，因为这种类型的食材在脱离了低温环境后，很快就会因质量下降而无法使用。而且，这些食材也相对比较“娇贵”，即便在低温环境下，如果温度不合适，也会出现质量下降的问题。

最常见的需要冷藏的食材就是各种水产品，比如生蚝、龙虾、螃蟹等甲壳类动物食材。这些食材不能在冷冻的环境中进行保存，因为经过冷冻后，食材本身的肉质会变得松散，食材营养也会流失，烹饪出来的菜品质量自然达不到标准。一般情况下，这些食材只能在温度恒定为 1~5 摄氏度的冷藏室进行保存，这样才能最大限度地保证食材的新鲜。

由于冷藏产品的保存期较短，应每天检查保质期，以便正确轮替产品。同时，还要注意将开包产品储存在有盖的容器或箱子里，并注明开封保存期。此外，还要注意冷藏库码放货物不得挡住风机口，生熟分开。库房地面、墙面、储物架清洁，无水，无杂物。放在拼盘冷藏冰箱中冷藏的食材必须封膜，摆放整齐，严格执行开封保存期。

对于一些离沿海地区比较远的餐饮企业而言，同样作为水产品的鱼类食材保存起来则相对困难，尤其是在运输过程中要花费大量的时间。在这种情况下，冷藏的保鲜方式已经不再适合，一是因为冷藏的保存时间不足以支撑食材的运输，二是水产品在冷藏状态下也不利于运输。所以，大多数餐厅会选择用冷冻的方式保存这些需要长途运输的鱼类食材。通过预加工，将完整的鱼分割成更容易装箱的形状，然后在冷冻环境进行运输。对于这种食材，餐饮企业在仓储的时候，也要使用零下 12 摄氏度到零下 23 摄氏度的冷冻室存储。如果使用冷冻六门冰箱，还要注意定期除冰。

除了不同类型的产品选择不同的储存模式以外，冷冻或者冷藏的食材在放置的过程中，也要注意一些细节。所有货物都要摆放整齐，遵循先进先出原则，存放要距离蒸发器至少30cm，目的是帮助空气流通和维持制冷状态。同时，货品也不能直接接触地面，以避免细菌侵入。

2. 干货食材的储存

相对需要冷冻或者冷藏的食材，干货的储存相对比较容易，因为已经经过风干或者其他干制程序，食材本身的水分已经所剩无几，所以在常温状态下就可以长期保存。但是，虽然干货食材对温度的需求不高，但是对于空气湿度却有一定要求，如果储存空间的空气湿度超过标准，那么干货食材就会吸收空气中的水分，而水分的增加会导致食材变质，因此一定要注意保持储存环境干燥、清洁、无虫害。

除此之外，在干货食材的行列中，有一个重要的组成部分，那就是水产的干货，比如海蜇皮、鱼干、干制鱿鱼等。这些食材相比其他干货，味道更加浓烈，在存放的时候最好单独放置，也可以为其增加单独的外包装，避免食材之间气味的相互污染。

前面所说的，是干货食材存储的方法。接下来，谈谈干货食材如何摆放。这个问题关乎食材是否可以实现高效取用。

对于干货食材，尤其是各种菌类山货，在新鲜的情况下我们可以轻易区分它们的种类，但在干制之后，很多不同类型菌类的外形相差无几，比如松茸和姬松茸，在干制之后除了颜色有细微差别，整体的大小、植株形态有些类似，没有专业经验的人很容易分辨失误，即便是经验丰富的员工，在寻找时也很难一眼看出，要花费一定时间才能确认。所以，我们要在干货食材的摆放方面进行合理的设置，以减少挑选的时间，同时也是为了避免挑选失误和食材浪费。

首先，我们需要制作一个货架，同时也要准备一些可以保证干燥的包装盒盛装干货食材。然后，按照使用频率对不同类型的食材进行分类，经常会使用的食材可以放在比较容易拿到的货架中层，而一些不经常用到的食材可以放到高层或者低层。最后，我们可以在货架或者包装盒上，标注食材的类型，这样取用食材的员工就可以快速找到自己需要的材料。这里要注意，食材尽量不要拆箱存放，以免增加盘点难度。

在合理放置的同时，货架要离开墙壁至少 5cm，离地至少 10cm，因为餐饮企业的不同功能仓储空间一般都聚集在一起，冷藏或者冷冻区域因为制冷而产生的空气凝水可能会顺着墙壁滴落，而干货要远离湿润的空气。当然，离开墙壁和地面也是为了避免食材与外界直接接触，防止细菌侵入。同时还要保障物距在两三厘米，物高离顶棚距离也要保持在 20cm 以上，确保空气流通。

虽然干货的存储时间一般较长，但随着时间的推移，食材的质量也会产生一定程度的变化。所以，干货食材的取用也要符合先进先出原则，我们可以在食材的包装箱或者货架边缘标注进货时间，摆放时生产日期以及保质期一致朝外，然后提醒员工优先使用进货时间较早的食材。

当然，除了干货以外，货架上也可以放置一些其他类型的食材或餐厅用具，但是无论摆放什么，都应遵守如下规则：重量大、体积大或液状物品放在货架下方，重量轻、使用频率低或者不易碎的物品放在上方。这样才能保证货架的重心稳定，不会因失去平衡而垮塌。储存时还要注意将所有包装品置于同一区域，清洁营运物料独立存放于一个区域。

3. 食品辅助材料的储存

前面所讲的是制作菜品需要用到的原料，但实际上，菜品的制作和呈现不仅需要食材，一些辅助材料也是必需的。比如菜品制作需要的包装材料，包括吸油纸和糯米纸等，还有一些提供颜色和味道的食用级化学物品，比如，蛋糕中常用的食用色素和为干锅菜品保温的酒精块等。

这些辅助材料同样也需要进行存储。当食材与这些辅助材料储存在一个空间内的时候，为了防止食材被这些材料污染，我们要把它们分开放置，最好是在货架上分层摆放。尤其是食用级化学物品要优先储存在化学品储存柜，远离食品和纸类产品，以免交叉污染。纸类产品应该在干燥、通风良好的地方进行存储。

虽然餐饮企业的仓储问题非常复杂，涉及很多不同方面，但只要牢记两个原则就可以了，一是根据食材特性选择储存方式，二是根据食材使用情况确定储存位置。这就是门店食材储存的两个关键点。

降低成本和提升体验的平衡点

对于食材的精细化管理带来的不只是成本下降，同时还有工作效率的提升。因此，对于竞争日益激烈的餐饮行业来说，食材成本控制已经成为餐饮企业发展的未来趋势，越来越多的企业开始重视食材在各个流动环节的管控。

面对食材成本管控对餐饮企业发展越来越重要的情况，很多餐饮企业便动起了歪心思，它们不是在科学合理管控食材成本的问题上想办法，而且是以损害顾客体验为代价控制经营成本。使用劣质食材、偷工减料以及降低服务水平等情况比比皆是。

尤其是在外卖这种新的餐饮消费模式兴起之后，这种情况更是愈演愈烈。在外卖平台的作用下，消费者与餐饮企业之间的联系进一步被割裂，顾客甚至不用到店铺中去，就能完成点餐、付账和用餐等一系列操作。这样的消费方式自然也给了餐饮企业更多的“自由”空间，因为顾客能看到的只有菜品的成品，关于菜品的实际操作过程，比如如何选材、如何制作等一概不知。这时，即使店铺使用了劣质食材，成为成品之后，在浓烈的调味料影响下，顾客也无法轻易判断出来。而且，即使有些顾客虽然已经对外卖餐品的质量有所顾虑，但碍于其省时、省力、优惠等特点，也大多不会深究。这在无形中更助长了这些不良餐饮企业的歪风邪气。

虽然这种“表面光”的做法可以给餐饮企业在短期内带来一定收益，一旦被曝光，等待它们的只能是外卖店铺评论区的口诛笔伐，随之而来的必然是店铺口碑的下降甚至沦陷。口碑的下降，对于店铺的打击是毁灭性的，顾客的不信任带来评分下降，评分下降导致更多顾客的不信任。在这种情况下，等待餐饮企业的，不仅仅是盈利的压缩，甚至还有倒闭的风险。

成本的控制与顾客的体验，是天平的两端（见图 7–8），只有当二者达到平衡时，企业才能进入平稳发展的状态，所以我们必须主动适应顾客的需求，并以顾客的标准作为食材成本控制的标准。

那么作为餐饮企业而言，我们应该怎样确定自家店铺的主流消费群体的体验需求水平呢？

1. 观察法

其实，顾客的体验与他们的个人喜好有直接联系，这种联系在实际经营中会呈现得非常明确。

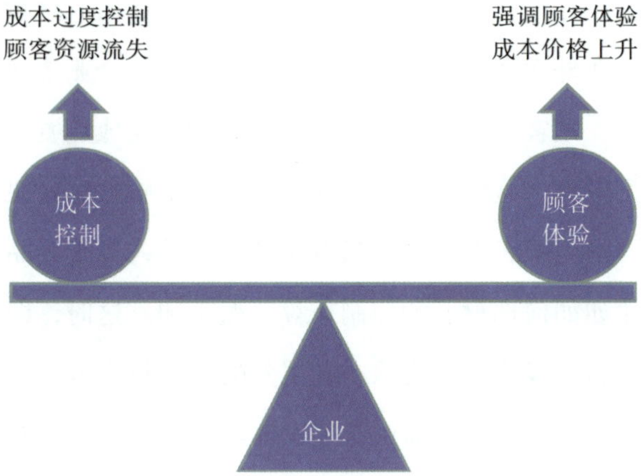

图 7–8　顾客体验与成本控制的天平模型

当顾客在店铺用餐后，桌上基本没有剩余的菜品，就能够说明顾客对于这些菜品基本是能够接受的。但如果顾客用餐后，桌上剩下了很多不同类型的菜品，这时，我们就应该反思一下，他们为什么不喜欢这些菜品。在日常经营过程中，这种观察应该随时进行，必要时还可以记录剩余的菜品类型。当观察的结果累积到一定程度的时候，我们可以和厨师、员工一起进行分析，找出这些菜品不受欢迎的原因，然后进行相应的改正，必要时还可以进行菜品调换。

2. 调查法

一些有心的餐饮企业经营者经常会在顾客用餐或者结账的时候，询问顾客对菜品的感觉如何。这时，大多数顾客基本都会回以一句“挺好的”。不过，总有一些相对耿直的顾客会提出一些中肯的意见，这就是最简单的一种顾客体验调查。

当然，调查方式可以多种多样。除了直接询问以外，问卷、团购以及外卖平台的评价等方式，也可以作为调查渠道。但是，为了保证调查结果的量级和准确程度，能够达到辅助经营的层次，我们可以设置一些小奖励，比如赠送一些小礼品等，以此鼓励用户参与调查。在统计出了顾客体验的需求水平之后，我们就可以以此为标杆，调整食材成本控制的幅度和方向，从而向成本降低与顾客体验之间的平衡点靠近。

另外，在调整过程当中，我们也可以使用一些技巧，更加高效地实现目标。

虽然我们不能直接影响顾客的个人体验，但我们可以通过调控顾客对于餐厅的心理预期，实现在满足顾客需求的基础上，更加高效地控制食材成本。一般来讲，顾客在进店消费的时候，会根据餐厅的装潢、口碑以及菜品的价格对店铺形成一个前期认知，这个第一印象会对后续消费体验产生重要影响。

在实际经营中，一些餐饮企业经常为了获取更多的顾客关注，而对店面进行高规格的装修。同时，在营销方面，也会为了打造优质口碑，在店铺中设置各种各样的高分点评赠送礼物活动。更有甚者，为了获取更高的收益，在菜品质量不变的前提下，提高定价水平。装修、口碑、价格的提升，对于顾客来说，都是一次心理预期的提升。因为在大多数人看来，更好的装修、口碑和更高的价格意味着更好的菜品质量和更优质的服务。对于高级餐厅来说，这种心理预期的提升可以更加高效地吸引目标消费者，但对于中小型餐饮企业而言，心理预期的提高意味着消费体验的下降和食材成本的失控。

比如，一家大众餐厅，装修豪华，并在营销的作用下实现了良好的口碑，菜品价格在同档次店铺中也名列前茅，顾客自然会对店铺的菜品和服务抱有较高的期望。但问题的关键是，大众餐厅自身的烹饪水平有限，很难满足顾客提升的心理预期，消费体验自然会急转直下。在这种情况下，餐饮企业只能通过提升菜品质量满足消费者的需求，但这种做法并不符合大众餐馆的经营理念，同样也不利于食材成本的控制。而且，依照大众餐馆的后厨配置，即便提升了食材质量，也很难直接转化为菜品质量的提升，那么接下来等待餐饮企业的就是持续的全面改革和长期大量的投资。从常理来讲，这并不是一家餐饮企业正常的循序渐进的发展路径。

所以，对于餐饮企业来讲，在自身能力水平有限的前提下，不要为了追求吸引更多的顾客，而在装修和“营造”口碑上花费大量的资源，也不要在超出自身菜品质量水平的标准上定价。这些哗众取宠的方式可能在短期内会给企业带来一定的收益，但产品质量与顾客体验的脱节，最终会葬送企业长远发展的机会。

其实我们只需要在装修、营销和定价的过程中，充分考虑自身的能力水平，然后进行合理设置即可。还是以大众餐馆为例，既然烹饪水平只是普通级别，那么装修方面就要以平易近人和干净整洁作为主要标准，在菜品价格方面也要主打亲民路线，这样顾客对店铺的心理预期就会停留在正常水平，餐厅提供的菜品就能够符合顾客体验的需求标准。与此同时，餐饮企业的食材成本控制工作也能顺利开展。

当然，除了食材成本以外，人力成本的控制也与顾客的体验有直接关系。无论是减少环节，还是削减员工，都会对顾客体验造成一定程度的负面影响。所以管理者要有管理红线，不能以伤害顾客为代价压缩经营成本，在食材成本管控上也要有红线思维，食品安全、产品品质都是企业生存的根本。企业在改革过程中，要时刻倾听顾客的声音，如果顾客感觉到你的产品和服务质量在下降，显然我们就要反思在管理上是否走错了方向。

第八章

减少其他成本

餐饮企业的成本控制是一个系统工作，人力和食材作为主干虽然重要，但同样不能忽视一些细枝末节，比如合理选址、能源费用优化、设备维护保养以及公关防范等。细节决定成败，这是自古以来颠扑不破的真理。

扩张选址，如何减少房租负担

餐厅选址是一项比较重要的、长期性的投资，不仅在开店之初是这样，在店面扩张的过程中也对餐厅未来的发展具有重要乃至决定性的意义。

既然选址这么重要，我们如何才能选出自己心中理想的店面地址呢？在笔者看来，首先要进行市场前期调研，然后再进行租金评估，最后从人流量、租金占比、餐企定位的角度以及细节方面进行综合评估，这样才能够选出一个理想的店址。一个合理的餐饮店铺选址流程，应该包含以下三个步骤（见图 8–1）。

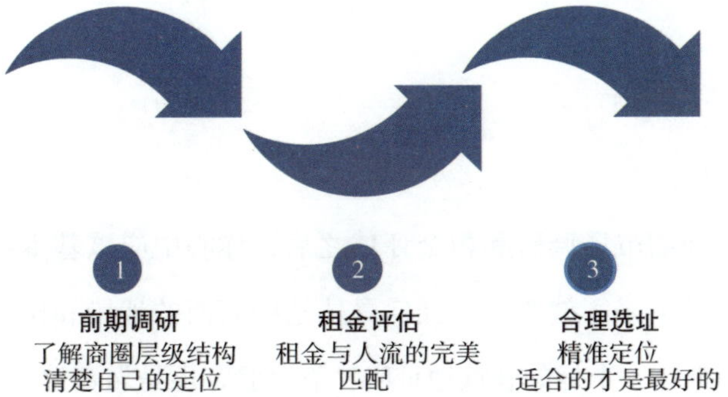

图 8–1　餐饮店铺选址流程

1. 前期调研

“凡事预则立，不预则废”，在为餐厅选址的时候，对城市商圈的前期调研是我们必须要做的一个重要工作，正所谓“知彼知己，百战不殆”。

“知彼”就是要了解整个商圈的层级结构，哪里是中心，哪里是次中心，哪里是边缘。另外还需要了解各个层级内的具体分布，比如职业分布、收入程度、消费特点以及口味偏好等，这样才能对目标消费群体的数量和质量做到心中有数。购买力是依附于人而存在的，购买力的数量和质量决定了商圈内的商铺的基本价值。

“知己”就是清楚自己的定位，是高端、中端，还是低端，是正餐，还是快餐，对应的是哪些人群，以及可承受的租金上限，等等。

2. 租金评估

当然，对于餐厅选址来说，仅有前期的市场调研远远不够，租金也是一个非常重要的问题。好的地段，租金水平自然高，而次的地段，租金水平自然会低。租金在整个运营成本里占相当大的比例，而且是硬性成本，所以自己能够承受多少租金和这些租金是否可以带来良好的人流与有效消费，则是我们需要进行仔细测算和评估的。

3. 合理选址

做完前期市场调研和租金评估之后，你心中应该基本做到了大致有数。接下来，就要考虑如何具体选择店面的地段和位置了。那又该如何选择一个好的餐饮地址呢？靠经验，还是靠直觉？

一般来说，直觉告诉我们，租金越低越好。所以，在传统观念中，讲究“租金便宜大过天”。但往往低廉的租金对应的是客流量的稀少，物业服务差，品类不匹配等问题，最终导致即便在很低的租金下，也难以维持经营。所以单纯地追求低租金，已经不再是主流。

那么，是否好的位置就一定能够带来好的营收效益呢？也不尽然，好的位置虽然有可观的人流和配套设施，但也往往伴随着高昂的租金，纵然营收可以上去，倘若幅度不能达到一定的比例，结果也往往让人失望。

既然如此，什么样的选址才更理想、更适合自己呢？在这里要先明确两个观念。

（1）没有绝对好的选址，只有适合自己的选址。我们先来看一下船井咨询关于餐饮企业选址的一项统计数据：

- 租金占营业额比例低于 10% 为高收益店铺；
- 租金占营业额的比例介于 12%~15% 为大城市标准店铺；
- 租金占营业额的比例超过 15% 则为黄色警报，超过 20% 则要进行撤退准备。

可见，“租金占比”这一数值为选址是否合理这一问题给出了比较直观而又科学的回答。所以，选址之前先要确立自己的租金上限，因为此项数据对餐饮经营有重要的参考价值和指导意义。现实中，租金往往与营业额成正比关系，只是比例过大还是过小的问题，而比例到底过大还是过小，很大程度上与餐饮的选址、营销方法、消费人群等因素直接相关。

（2）选择在客流量足或符合自身定位的地段开店。租金低的地方，大多人流量较小，所以餐厅的营业额也很难得到提升，这样计算下来，租金占比会很高，餐厅很难经营下去。租金高的地方，如果选址和运营得当，门庭若市，营业额就会相当可观，同时租金占比则会变得较低。由此可以看出，租金的高低并不代表餐饮企业负重的大小，而客流量是否充足，才是餐企运营好坏的前提。有句话叫“选址就是选流量”，所以如何找到客流量足的地段，是需要首先考虑的要素。

在表 8–1 中，我们给出了 5 个具有代表性的选址，并把每个选址的特点进行了详细说明。到底哪种选址才是适合自己的呢？此时就要看自己的具体定位了。

表 8–1 不同选址下的人流量、租金和客层特点

商圈					
特点		人口	客层特点	店租	与商圈距离
商业选址	该区域有购物闲暇时间的人数较多	白天人流量大	以一次性消费顾客为主，双休日利用率高	高	500 米至 1000 米
社区选址	住在该区域的人较多	夜间人流量大	顾客易成为回头客，双休日利用率高	低	500 米至 1000 米
商务区选址	该区域人口多为上班族	白天人流量大	顾客易成为回头客，工作日利用率高	中	500 米至 1000 米
校区选址	附近院校较多	白天人流量大	工作日利用率高	中	500 米至 1000 米
郊外选址	开车前来，有目的性，需要停车场	人流量较小	人流量较小	低	3000 米至 5000 米

1）如果做快餐，需要白天人流量较大，就要从商业、商务、校区等角度考虑选址。

2）如果是相对低端的快餐，人均消费较低，能承受的店租较低，选址就应该考虑社区、校区或者商务区。

3）如果是高端的快餐，人均消费较高，能承受的店租较高，可以考虑商业选址。

（3）关于面、线、点的考量。确认了大商圈之后，还有很多细节的部分需要我们考虑，很多时候细节决定成败。细节方面我们应该从面、线、点三方面综合考量。

1）面：是否有足够的客流。客流量的多少直接影响进店人数，而进店人数的多少又直接影响消费数额和最终的营业额。所以选址之前需要对目标地段的客流量进行仔细的统计和分析。统计客流一般来说有两种方法："扫楼"和"掐表数人流"。

所谓扫楼，就是计算目标地段周围两公里范围内的有效住户，因为两公里范围内的人群有更高的消费概率，且大多数人的脚步基本都是在周围 1.5 公里的区域内延展。

所谓"掐表数人流"，是指在某一时间段内，统计目标地段的人流量。如目标地段有相同的店铺，则可以计算进入此店铺的有效消费人群，这样的数据更有参考意义。

2）线：到店流动线是否方便。这一点主要强调的是交通的便利程度，即店铺是否处于地铁站等交通枢纽或者客流动线的交汇处。因为这种地段一般情况下人流量都比较大，且从早到晚，川流不息。门前的客流走向也很关键，指向门店的线路越多越好。

3）点：招牌是否能够被轻易发现。这里强调的是招牌的认知度和可视度。店铺的招牌一般悬挂于店铺的门面上，其本身就是一种介绍自己、反映经营特色、引导顾客需求的有效载体，是一种最直接的广告形式。所以，悬挂招牌的店铺前方要无遮挡，且视野通透，远视无碍，让经过的人或者有需求的人容易发现并方便找到。另外，招牌大小要合适、醒目。毕竟醒目的招牌往往会带给人们视觉上的冲击和吸引，也容易让人过目不忘，记忆犹新。

（4）对于其他一些细节的考量。除了面、线、点这三个重要的细节以外，还有一些其他细节同样要引起我们的重视。

1）把店铺开在集客力强的大型店铺附近。俗话说“背靠大树好乘凉”，大型的店铺往往集客能力很强，客流量大多有保障。人们在购物的同时，也往往伴随着饮食需求。此处的店铺很好地满足了人们的这一需求，消费往往会持续旺盛并经久不衰。

2）红绿灯与店铺的距离。有红绿灯的路口一般人流量比较大，客户也容易进入，而且距离红绿灯的位置越近越好，毕竟第一个到达的地方往往是有效客流的首先选择。

综上所述，寻找合适的选址不仅需要我们进行前期周密的调研，做到“知彼”，还需要我们清楚自己的定位和能够承受的租金上限，做到“知己”。另外，还需要根据“租金占比”有效衡量目标店铺的租用价值，以及关注各个细节，进行全方位的考察，并做出决定。

对于餐厅经营来说，合理的选址不仅可以有效减轻房租负担，还能够在今后的运营中产生良好的收益，所以一定要认真对待。

有效降低能源费用

勤俭持家是中华民族的优良传统，节能减排也是国家长期倡导并实施的一项基本政策。作为餐饮行业来说，通过先进的管理理念和有效的管理方法提高能源的使用效率，进而做到节能减排，不仅可以有效降低费用，增加利润，还可以为绿色环保贡献力量，添加一层光彩，其现实意义不必多言。

那么，如何才能有效降低能源费用呢？在这里，我建议大家使用两个工具：色点系统和开关机时间表，通过两者的合理搭配可以帮助我们在很大程度上节省能源成本。

1. 色点系统

很多人听说过色点系统，但大多没使用过或者不知道怎么用。什么是色点系统呢？即通过颜色去做某种区分，从而简单、有效、直观地进行特定管理的一种方法。之所以采用色点管理，是基于，相对于文字，我们的视觉对颜色更敏感（见图 8–2）。

图 8–2　文字与颜色视觉敏感度对比

在图 8–2 中，我们可以看到，当要找出某一个字时（比如“红”），彩色的图片比单色的图片更容易让人发现并找到。人们对颜色比单纯对文字更敏感的这一感知特点，被广泛应用在很多事物上面。

比如路标线，通过白色虚、实线和单、双黄线等区分行进的道路，简洁易懂，让人一目了然，从而大大减少车辆行进中出现错误的概率。

另外，在很多制造企业，合格品会用绿色标签进行标示，而不合格品则会用红色标签进行标示，这样就可以很容易让员工和管理人员对产品进行区分，从而能够快速选择和处理，大大节约了时间，提高了工作效率。

色点管理方法的方便快捷，适用于很多行业，将它运用到餐饮企业的管理中，可以方便地解决能源浪费的问题，从而大大提高管理效率。这一点，在一些快餐连锁店的应用中可以找到证明。

> 美国的一些快餐连锁店有几个共同的明显特征：（1）员工流动性大；（2）每日的高峰期与低峰期差别明显；（3）照明和空调室是主要的耗能单元。因为这些企业使用了色点系统，电费明显下降，效果显著，而且节省了相当大的人力成本去给新员工解释什么时间段需要开关哪些设备。

既然色点系统能够很好地帮助我们提高管理效率，减少能源浪费，那到底该如何操作呢？

（1）设备分类。我们知道餐厅有很多电气设备，比如灯具、冰箱、烤炉、消毒柜、油炸炉等，而有的设备还不止一台，如冰箱、热水器等。很多设备的使用情况也不尽相同：有的需要一天 24 小时开启，如冰箱；有的只在工作时段开启，如热水器、油炸炉；还有的只有晚上才开启，如招牌灯。基于设备的工作时间和工作模式，这些设备可以分为五类：

- 进店时间开启，餐厅打烊时关闭；
- 需要一直开启；

• 工作时段开启，非工作时段关闭；

• 需要时开启，不需要时关闭；

• 晚上开启，关门时关闭。

（2）给不同工况设置不同颜色，制作色点管理表。颜色和类别都要根据自己餐厅的设备和照明设施进行设置。举个例子，上面提到的第四类是需要时开启，不需要时关闭的设备，比如电烤箱。我们可以在电烤箱的开关处贴上对应颜色的带有“电烤箱”三个字的色贴，并在开关附近张贴色点管理表。色点管理表一般包含：都有什么颜色，每个颜色在什么时间开启、什么时间关闭，没有时间段的可以进行说明，有时间段的清楚地标注时间段。这样，只需要对照色点管理表中相同的颜色，就可以清楚地知道，此设备的开关时间和使用时段，简洁而明确（见表 8–2）。

表 8–2　色点管理表

黄色点	招牌灯、靠近窗户的灯
	1. 夏天天黑：18：00 开启至结束营业
	2. 冬天天黑：17：00 开启至结束营业
	3. 特殊天气（雨、雪）：17：00 开启
红色点	吊灯、壁画的背灯、筒灯、云石灯、观片灯
	开铺开，关铺关
绿色点	灯池灯、射灯
	1. 建议时间段：11：30—13：00，17：30—20：30
	2. 部分繁忙餐厅可自行调整
蓝色点	冷藏冰箱、应急灯
	24 小时全天开放

可以看到，表 8–2 中的这家餐厅只是简单进行了色点设置，需要注意的是，最好标注设备名称，尤其是对于可自行调整的设施。

2. 设备开启时间表

其实，色点系统主要针对餐厅里的照明设备。因为对于餐厅来说，照明系统是比较多的，而对于像制冰机、饮料机、电磁灶、电烤箱这些餐厅制作食品或者工作中需要的设备来说，还需要设置设备开启时间表。

为什么要设置设备开启时间表呢？因为色点系统主要针对的是照明系统，而照明系统标注的时间段不是特别清晰，管控也没有设备开启时间表那么严格。设备开启时间表则有所不同，对每一项设备的使用时间、停止时间的规定都非常详细（见表 8–3）。

只有色点系统与设备开启时间表共同使用，才能最大化地为餐厅节约能源，控制成本，从而减少支出，增加效益。既然如此重要，那如何制作设备开关时间表呢？具体可以分为三个步骤。

（1）整理餐厅用到的电器设备。餐厅的设备主要是员工工作过程中使用到的，种类繁多，而且很多设备不止一台，如烤箱、油炸炉、冰箱等。所以需要详细地对设备进行统计，并把统计后的结果填入表 8–3 中的“设备名称”。

（2）记录好每个设备的预热时间。我们都知道，餐厅里有些设备不是按了开启按钮之后就可以直接使用的，其中很多可能需要几分钟或几十分钟的预热时间。比如，空调在开启 15 分钟后，餐厅里的人员才可能感受到。那么，在使用空调的时候，我们就要比规定的时间提早开启 15 分钟，这是合理范围内的提前使用。再比如，大汤锅电磁灶，由于容量较大，加热较慢，预热时间长，一般情况下需要近 60 分钟的预热时间，所以这也要求使用或管理人员能够比较准确地了解它的预热时间。统计完每种设备需要的预热时间后，把数据填入表中的“预热时间”。

表 8-3　设备开关时间表

餐厅设备开关时间表

月　　日

设备名称	预热时间（分钟）	6	7	8	9	10	11	12	13	14	15	16	17	18	19	20	21	22	23	24	1	2	3	4	5
		餐厅营业时间：8:00—22:00																							
大汤锅电磁灶	60分钟			━	━	━	━	━	━	━	━	━	━	━	━	━	━								
电磁炒灶	15分钟						━						━												
饮料机冷冻冰箱	45分钟				━	━	━	━	━	━	━	━	━	━	━	━	━								
油炸炉工作台冰箱	45分钟	━	━	━	━	━	━	━	━	━	━	━	━	━	━	━	━	━	━	━	━	━	━	━	━
凉菜工作台冷藏冰箱	45分钟	━	━	━	━	━	━	━	━	━	━	━	━	━	━	━	━	━	━	━	━	━	━	━	━
拼盘冷藏冰箱	45分钟	━	━	━	━	━	━	━	━	━	━	━	━	━	━	━	━	━	━	━	━	━	━	━	━
四门冷冻冰箱	45分钟	━	━	━	━	━	━	━	━	━	━	━	━	━	━	━	━	━	━	━	━	━	━	━	━
四门冷藏冰箱	45分钟	━	━	━	━	━	━	━	━	━	━	━	━	━	━	━	━	━	━	━	━	━	━	━	━
电烤箱1	60分钟				━	━	━	━	━	━	━	━	━	━	━	━	━	━							
电烤箱2	60分钟						━	━	━	━				━	━	━									
电烫米线炉	30分钟				━	━	━	━	━	━	━	━	━	━	━	━	━	━							
台式油炸炉1	30分钟				━	━	━	━	━	━	━	━	━	━	━	━	━	━							
台式油炸炉2	30分钟						━	━	━	━				━	━	━									
热水器1	45分钟				━	━	━	━	━	━	━	━	━	━	━	━	━	━							
热水器2	45分钟						━	━	━	━			━	━	━	━	━								
消毒柜	15分钟					━	━	━	━	━	━	━	━	━	━	━	━	━							
空调	15分钟						━	━	━	━	━	━	━	━	━	━	━								
送风机	/					━	━	━	━	━	━	━	━	━	━	━	━								
切片机	/										╍	╍													
干手器	/							━	━	━	━	━	━	━	━	━	━								
收款机	/				━	━	━	━	━	━	━	━	━	━	━	━	━	━							

（3）拆分一天的 24 个小时，给出每种设备的工作时间段。餐厅的营业时间一般为 8 点至 22 点，有的营业时间可能更长，甚至 24 小时营业，可以将这个时间段放在中间，也可以直接从 0 到 24 这样排列，总之要把整个营业时间包含进表格。这就要求管理人员能够准确把握所在店面的用餐时间，以及用餐高峰和波谷时段，以便在恰当的时间点开启和关闭设备。将每种设备的开启和关闭时间以画横线的方式进行标注，横线最好用比较鲜亮的色彩，如用红色标注，会醒目许多。

员工通过观看设备开关时间表，就可以清晰地了解各种设备的预热时间和开关时间。当然，有的餐厅会直接写出设备开关的时间段，这两种方式都是可行的。

另外，还需要提醒一点，就是长时间开启的设备尽量用色点系统的方式进行标注，如表 8–2 中的冰箱 24 小时都是横线，这就说明它们是全天开启的。这样的设备直接用色点系统标注就可以，也更加方便。

以上就是我们给出的两种快捷有效的能源管理和优化方法，简单易懂，操作方便。单一的方法或许会有不足，两者结合使用，则可以优势互补，效果显著，不仅可以让员工很快理解并上手，还能给管理者省去烦琐和枯燥的培训。更重要的是，长期坚持使用能够节约相当大的费用，无形之中会增加效益。毕竟省下来的都是纯利润，而且这种节约完全是在不影响餐饮质量和用餐体验的情况下进行的。比如，某餐厅的利润率是 10%，通过色点系统和设备开关时间表每月能省下 500 元的水、电、燃气费用，就相当于多实现了 5000 元的营业额。

在餐企运营稳定的阶段，要想开源 5000 元的营业额不是一件容易的事，而节流往往能够帮助我们轻松做到。与此同时，此举还为环境保护做出了小小的贡献，让勤俭节约和可持续发展深入每个员工和管理者的心中。

维护保养大于维修，维修大于更换

餐饮行业有这样一句话：维护保养大于维修，维修大于更换。什么意思呢？就是更换的时间和费用要大于维修，维修的时间和费用要大于维护保养，所以维护保养对于餐饮企业的成本控制来说是相当重要的。

那么，参与餐饮企业设备维护保养的都有哪些人员，具体职责是怎样的，又该如何进行设备保养呢？下面我们就这几个重点问题进行一一阐述。

1. 设备维护保养的人员和职责

设备维护保养的人员主要由餐厅经理、维护保养经理和维护保养员工组成。餐厅经理主要应掌控餐厅所有设备维护保养的工作进程和费用，是总负责人。维护保养经理主要有两项职责：一是每月制订员工维护保养设备的计划，最大限度地减少设备停机时间并降低营运成本；二是按照计划，追踪完成维护保养的执行状况。维护保养员工的职责很简单，就是负责餐厅的维护保养工作，保证餐厅维护保养工作能够按时完成，另外，每个月还需要盘存餐厅保养计划必需的工具和物料。

2. 制订实施维修保养计划

人员确定之后，还要制订相应的计划，这样才能确保维修保养工作正常实施。

（1）设备整理。你需要对自己餐厅用到的所有设备进行整理，并根据每一项设备的使用频率、重要性安排月保养次数。例如，对于消毒柜、冰箱等比较常用的设备，我们建议每天清洗一次，一个月要清洗 30 次。如果你的餐厅有规范的维修保养手册，可以根据手册进行整理。

（2）制作设备维修保养月历。简单来说，就是将我们整理好的设备清洁次数合理安排在每一个月。合理安排的标准是什么？第一，保证维护员工的工作量合理；第二，明确维护员工是否具有维修保养的技能。

比如，如果星期三，你在月历上写的是对烤炉进行维护保养，那星期三你就需要具备相关技能的人员进行维护，没有掌握清洁烤炉的员工是不能进行清理的。所以，在制作月历时，需要我们把危险设备和常规设备进行区分，一般使用的方法是：（1）对于危险设备，标注红色，备注里说明需要掌握该设备技能的人进行维护保养；（2）对于常规设备，标注蓝色，备注里说明普通的维护人员可以维护。

这样做主要是为了避免发生危险事故。当然，对设备是否危险的评判十分简单。

（3）员工技能考核。对于员工的技能的评判不是看员工有没有经验，而是需要对员工维修保养的技能进行考核。大家可能认为平常维护冰箱、消毒柜这样的小事根本不需要什么技能，其实这种想法是错误的。

一家餐厅厨房冰箱的排风扇脏了，店长告诉厨师长需要对冰箱进行全面清理，厨师长把店长的指示传达给了一名员工。于是，这名员工拔掉电源，用湿布把冰箱里外擦得干干净净，但是一接通电源，出现了连电现象，本来只是清理冰箱排风扇的问题，结果变成了维修冰箱的大问题。

通过这个案例我们可以看到，必须对维修保养员工进行技能考核，只有考核合格，才有资格维护设备。应怎样考核？考核的内容又是什么呢？

考核的方式是理论考核加实操考核。理论考核的内容是维护保养手册，实操考核就是在设备维护保养现场对员工进行测试。

其实，制定维护保养手册之前，需要制定一个设备手册，就是设备的说明书，告诉员工设备的结构和工作原理，以及设备经常出现的状况和故障，了解了设备手册之后，才能了解设备的维护保养手册。维护保养手册的内容主要包括两部分。

第一部分是手册简介，简介里面包括制定手册的目的以及相关人员的职责划分。职责可以根据危险设备和常规设备进行划分，也可以根据餐厅的实际情况进行调整。

第二部分是每个设备的保养方法和步骤，主要介绍保养内容、保养频率、保养方法和操作步骤。还包括对保养所用工具的说明，比如，我们在清理冰箱的排风扇时应该使用湿布还是干布，具体该怎样进行等，都要说清楚。很多餐厅把设备手册和维护保养手册结合起来，这样可以向员工解释得更直观。

3. 具体保养实施方法

当确定了维护保养人员并制订好维护保养计划后，就进入了维护保养的实施阶段。在实施的过程中，可能出现两种状况。

第一，当员工清理完设备后，需要找到值班经理进行审核。如果审核通过，经理会在维护保养月历上签字，表示保养完成。维护保养月历是指餐厅维护组完成餐厅机器保养工作后，经理需签字确认的一个表格工具，它和计划安排的月历的内容有重合（见表 8–4）。

表 8–4　维护保养月历

保养设备	保养项目	保养频率	保养时间（分钟）	保养流程	保养日期	完成人	审核人
切肉机	日常清洁	每日	30	手册第五页			
	注油	每日	5	手册第六页			
	打磨刀片	每月	15	手册第七页			
台式油炸炉	滤油清洁	每日	30	手册第二十五页			
立式油炸炉	滤油清洁	每日	30	手册第二十四页			

表 8–4 是某餐厅针对切肉机、台式油炸炉、立式油炸炉制作的维护保养月历。餐厅经理可以按照保养流程或保养结果对维护人员的工作做出评判，大家也可以根据餐厅的实际情况设置相应的月历检查表。

第二，员工在实施保养计划时发现设备有问题，而且这个问题没有办法自己解决。这时，应该立即将情况报告给值班经理，如果值班经理能解决，自然最好，如果不能解决，就应该上报给餐厅经理。餐厅经理可以根据问题的紧急程度区分是否需要立即解决还是延后解决。如果问题很紧急，比如有关食品安全和人身安全，严重影响出餐速度或不能出餐导致营运障碍等事件，应立即电话通知工程维修督导进行维修。如果事情不是很紧急，建议餐厅经理将问题汇总后，每周报修一次，这样可以提高维修专员的工作效率。

每年都有一些餐厅因为线路老化、设备维护不及时等，出现严重的事故。有的甚至危及人的生命，造成难以挽回的损失。合理的维护保养不仅可以最大限度地减少时间成本和费用支出，更重要的是在这个过程中，我们可以及时发现一些潜在的问题乃至危险，防患于未然。

餐饮行业的成本控制是一个系统工程，合理选址、能源费用优化以及设备维护保养都是这项工程的重要组成部分。不断完善和提升这些方面的管控力度，就可以在很大程度上实现成本控制的目标。

减少经营危机，控制公关成本

餐饮企业的成本除了租金、能源费用和设备维修之外，还有其他一些隐性成本，如公关成本。我们只有把店铺各方面的细节都考虑到，才能真正控制好企业成本，实现节流的目的。

公关成本指的是餐饮企业发生某些经营危机或者碰到需要解决的问题时，为了应对危机或解决问题而产生的费用。我们要想控制店铺的公关成本，只有从源头上减少经营危机的发生。一般情况下，餐饮企业经常会碰到的危机来有三类，一是消费者危机，二是店面危机，三是员工危机。

1. 消费者危机

因为餐饮企业提供给消费者的一般是产品和服务，所以消费者危机的原因无外乎我们的产品和服务令他们很不满意。消费者危机给餐厅带来的不仅仅是一次消费损失，如果处理不当，带给餐饮企业的将会是致命打击。我们不能把目光放在提高餐饮企业应对危机的能力上面，而是在平时的经营中注意各个细节，防范危机的发生，从源头上减少我们处理问题和危机的时间成本与金钱成本等。

从产品来讲，我们面对的通常是由于食品异常或不符合标准而造成的消费者抱怨。要避免这种情况发生，我们要确保不能因为过度控制成本而让菜品质量下降，同时可以在必要的时候给顾客一些有关店铺产品的小提示。

如在吃重庆火锅时，对于锅底，我们有很多选择，如清汤、微辣、特辣等。当我们选定微辣之后，往往店员会温柔地问："我们店里的微辣可能比其他店的微辣更辣一点，请问您可以接受吗？"我们通常都会说"没问题"或者"可以"。

这种温馨的小提示有什么好处？如果店员不事先提示，顾客在用完餐后可能会抱怨，因为顾客在选择"微辣"的时候是按照一般情况来判断的，当最后端上来的产品超出了他们对"微辣"的预期时，就很容易产生不好的消费体验。但在有提示的情况下，即使"微辣"过辣，顾客因为有了心理准备，不会主动将错误归到店铺身上，就不会对店铺留下不好的印象。

所以，事先防范很重要，可以避免很多不必要的消费者抱怨。当然，如果抱怨还是发生了，我们也要正确处理，可以及时道歉，在解释的同时送上表示歉意的小礼物，一份小吃、一片口香糖、一瓶饮料都可以。以此为戒，审视我们的店铺是否还有需要改进的地方。

从服务上来讲，我们会给顾客留下服务差的印象有两个原因。一是我们在难以注意到的顾客用餐细节上没有做好。这种情况下，我们就要尽可能地满足顾客的需求，如保证桌上的餐巾盒中有餐巾纸等。

二是顾客在我们店内遭遇了影响人身安全或财产安全的事件。有时，顾客会在店内发生意外造成伤害，如经常发生的是带孩子的顾客在用餐时，孩子在座位上打闹不小心摔到地上，或者被桌角撞到头等。我们最好的做法是当顾客在用餐时派遣店员多留意孩子的活动，当小孩做出危险的动作时应及时上前提示。如果还是造成了伤害，首先我们要检查小孩的伤口。一般情况下孩子只是磕痛了，可用儿童玩具分散孩子的注意力，平息孩子的哭闹和家长的焦虑。有时，顾客会在店内丢东西，我们最好的做法是在顾客用餐时提醒顾客保管好自己随身携带的物品，或者在店内设置一个财产保管区，在顾客用餐后要离店时提醒顾客检查自己的钱包、手机等物品。如果顾客还是不幸被盗了，我们要及时调看店铺的监控，严重时报警处理。总之，要尽力帮助顾客追回财产。

2. 店面危机

我们的店铺也会不时发生问题，造成店面危机。当危机发生后，在处理问题时，我们也会付出很多成本，造成资金损失。

店面危机一般源于两方面：一是社会外界，如政府部门的临时检查和媒体的临时采访；二是大自然，如水灾、火灾等不可抗力事件使店面资产遭到破坏。前者是正常的社会监督程序，后者我们可能很难避免。

对于政府部门的临时检查，我们要注意在日常经营中保证店铺卫生达标，在店内挂上营业执照等。当政府部门来检查时，配合它们的工作，虚心接受改进意见，如进一步规范对垃圾、废水的处理。

对于媒体的临时采访，我们也不要慌乱。在我们接到采访通知之后，无论是电话采访，还是上门采访或其他形式的采访，我们都要先明确媒体的来意，是抽样性采访，还是带着特定目的采访，如果是针对性采访，还要明确该采访是正面的还是负面的。在明确媒体的来意之后，我们才可以在较短的时间内有计划性地应对。

需要特别注意的是负面性的采访报道，这一般是顾客投诉引起的，并且已经在社会上造成了一定的负面影响。针对这种情况，我们首先要对投诉事件的始末有清晰全面的了解，其次在采访中控制情绪，讲出事实和原因，最后给出补偿方案并表明会对餐厅进行整改的态度。如海底捞在“后厨老鼠事件”发生后，面对媒体记者的采访、暗访快速做出了反应——“锅我背，错我认，店我改”，从而快速地赢回了消费者的信任。

对于水灾、火灾等事件，我们的防范措施是在店内配备灭火器，并培训员工正确使用。当灾害来临时，我们要先及时疏散店内的顾客和员工。在事件之后要追查起因，多数情况下，水灾是自然发生的，而火灾多数是人为因素造成的。最后再盘查店铺的损失，如哪些装备被毁坏了等，计算出重整的成本。

3. 员工危机

我们也会因为店内的员工出现意外而付出额外的成本，如员工在作业时受伤，或者在上下班途中发生交通事故等。针对员工危机，我们除了及时给予受伤员工心理和物质上的慰问外，更重要的是事先做好预案，防止因为员工受伤而给店铺经营带来人力短缺问题。

一般来讲，中小型餐饮企业为了创造更高的利润，其员工数量往往大致符合日平均客流量。如果突然出现某个员工，特别是某个成熟的老员工因为受伤无法正常上班的情况，那势必影响店铺的营业额。要保证店铺能够正常营业，我们就需要付出时间、精力和金钱寻找并培养新员工。这样一来，就会增加成本，降低利润。因此，最好的防范方法是尽可能培育员工多方面的才能，提升全职员工的通岗才能。

如何做到这一点呢？其实可以通过四个培训环节达到目标，即准备—示范—练习—追踪。这四个环节顺序递延、彼此衔接，可以有效减少培训时间的浪费，同时也能避免出现因流程不清晰而对培训质量造成不良影响的情况。

在准备阶段，培训师需要准备资料、设备及用品。受训员工要提前做好上课准备，将店铺工作交给其他员工，然后提前到规定的地点等待培训开始。

在示范阶段，培训师要百分之百遵循标准演示的每一个步骤。一般一次只演示一个动作，而受训员工要按照流程观看体验。在演示过程中，培训师还要解释每一个动作的目的、原因和具体操作技巧，以便让受训员工能够清晰、全面地理解每一个环节。

在练习阶段，主要是受训员工按照之前学过的标准流程步骤进行操作，而培训师在旁指导，观察他们的操作是否存在问题。如果员工表现良好，要及时赞美，发现错误，也要及时纠正，必要时再次示范标准步骤。让受训员工持续练习，逐步减少指导，直至其能够百分之百正确连贯地操作为止。

在追踪阶段，我们要对受训员工的学习成果进行持续观察，目的是确保他们将学到的东西化归己用，而不是学时会，用时忘。

这样培训之后，员工的整体能力和水平会得到提升，即使发生某个员工无法到岗的突发事件，其他人员也能在短时间内接手其工作。即使不得不寻找新员工，也不会在新员工到岗之前给店铺造成损失。

因此，只要我们从各个方面控制店铺的成本，营业利润自然会增长。

第九章

提升组织效率

对餐饮企业来说，确定一个正确的发展方向并不是很难，关键在于从制定目标到实现目标的过程中，企业成长的速度是否会超过资源消耗的速度。很多餐厅之所以经营失败，并不是因为选择了错误的发展路线，而是因为没有关注组织效率的重要性。从本质来说，组织效率是一切工作的助推器，是企业目标高效完成的基础条件。

构建企业文化

对于企业来说，准确的决策、合理的目标、高端的技术等十分重要，但这些都建立在一个基础上，那就是企业内部协同一致、高效运转。想要达到这种状态，构建企业文化是不可或缺的重要环节。

所谓企业文化，虽然冠以文化之名，但其实它所包含的内容并不只是文化那么简单。从本质上来讲，企业文化包含三个不同维度的内容：使命、愿景与价值观。

使命是企业发展的最终目的，是企业、组织或个人追求的终极目标和存在意义，代表着企业发展的方向。愿景是“当企业、组织或个人完成使命以后会呈现什么样的状态和景象”，代表企业发展的目标与动力。价值观则是企业、组织或个人奔向使命和愿景时所遵循的指导原则，代表企业内部的凝聚力与向心力。

如果餐饮企业可以将自己的文化，也就是使命、愿景、价值观转变为员工共同的认知，那么企业内部的运行效率自然会在共同的发展方向、目标与动力、标准与原则影响下，得到长足提升。关键问题是，我们怎样才能打造这样的企业文化。

一些企业的员工会因为自身的梦想与企业的使命一致而心甘情

愿地为企业付出，但对于餐饮企业的员工来说，大多数人通常缺乏长久的职业梦想，相比之下，更关注实际利益。所以，餐饮企业员工对餐厅的诉求无非两点，一是获取一定的薪酬，二是获得更高的职位。所以，从本质上来看，员工其实并不关注企业的发展使命，除非这个使命与自己有关。

其实，这就是餐饮企业确立使命的技巧，把企业的使命与员工的利益联系起来，在使命中加入让员工获益的内容。这样员工就可以对企业的使命形成认同，并积极地按照使命指引的方向努力。因为只有这样，他们才能在推动企业发展的同时，获得更大的个人利益。

愿景的描绘也是同样的道理，我们在前文已经提到，愿景是企业未来发展的蓝图，只有当员工认可这张蓝图时，他们才会有驱动力。

相比使命与愿景的打造，让员工与企业的价值观趋同其实是一个相对困难的问题，因为每个人都有自己的思维方式和处世方法，这种经年累月的个人经历所塑造的特质，很难在短时间内通过后天影响改变。所以，餐厅应该在员工招聘环节，就要确保员工在核心价值观方面与公司基本一致，然后再通过在培训内容中加入使命、愿景等企业文化因素，增强员工的价值认同。

当然，除了从构成要素的角度进行企业文化打造以外，我们还可以从整体性的角度构建企业文化，同样可以使企业的内部单元在文化的督促和激励下实现高效运转。至于具体操作手法，需要我们顺应新的经济形势，从内部和外部同时展开，构筑强大的文化框架。

1. 从内打造，共生目标

要想让企业内部的员工与员工之间、员工与组织之间形成超强的连接关系，大家协同共生，为同一个目标创造价值，就必须在企业内部从制度文化、物质文化、精神文化和行为文化四个方面共同打造整体的内部企业文化。

（1）制度文化建设。制度是支撑一个企业正常发展的重要支柱之一，是规范员工工作行为的重要工具。只有打造一个好的企业制度，才能给员工提供保障，才能逐步提升员工的满意度、幸福度和敬业度。

餐饮企业的制度建设包括组织机构的设置和管理制度的打造。组织机构是指一个餐饮企业从总部到分店的部门划分和权责划分，或者就是一个店铺的简单内部划分，但无论如何，店铺必须有一个完整的组织机构，这样才能保证店铺的供应链、生产链、服务链等有条不紊地正常工作。管理制度是一个店铺在实际经营中应该遵循的操作制度，如各种岗位职责、针对员工的规章制度，包括守则条约和奖惩条例等。

（2）物质文化建设。餐饮行业员工的高流动性使得我们必须重视吸引和留住人才，要做到这一点就必须从员工的满意度来思考。员工的满意度并不是直接与薪酬挂钩，他们与企业之间的关系不应该是投入与回报的关系，不应该是“一分钱换一分力”，而应该是协同共生的关系。员工应该从心理上对企业有安全感和归属感，这就要让员工能从企业的物质文化方面感受到。

餐饮企业的物质文化建设要以使员工直观地感受到自己所收获的是什么为目标，包括企业为员工设置的为顾客提供的服务的最低标准是什么，员工在企业中能够享受的后勤物质条件有什么，员工在企业发展的过程中能收获的生活物质条件的提升有多高等。

（3）精神文化建设。餐饮企业的精神文化是员工热情创造极致的顾客体验的原动力，是他们每时每刻主动关注企业的生死存亡和未来发展的力量源泉。只有在精神文化的熏陶下，员工才会长期坚持奋斗，以昂扬的斗志为企业美好的明天做规划，以批判的精神不断提升为顾客提供的服务。

餐饮企业的精神文化建设必须包括企业的理念建设，如严谨、细致的企业口号，认真、暖心的企业作风，顾客至上的企业宗旨等。还应包括企业的目标建设，如引领现代餐饮潮流、成为品类领头羊等。

（4）行为文化建设。餐饮企业的行为文化主要是强调员工对待顾客的态度，只有以真诚的态度面对顾客，才能从顾客的角度出发为顾客创造最佳的消费体验。我们要从规范员工的言语、穿着等调整员工每天在面对顾客时的心态，让他们以良好的心态做出正确的行为，给予顾客贴心的服务。

总之，内部企业文化的 4 个层次之间相互影响、密切联系，精神层决定着物质层、制度层和行为层，行为层是精神层、物质层和制度层的体现，制度层是精神层、行为层和物质层的保障。我们只有综合这 4 个层面打造企业文化，才能最终使员工在强大的文化熏陶下工作、进步并成长。

建设强大的企业文化也是火锅巨头海底捞成功的原因之一。海底捞的精神理念和服务质量都被人们普遍赞美。它有早会分享的制度文化，有帮助解决员工孩子和老人生活的物质文化，有把所有员工当家人的精神文化，还有激励员工正确面对顾客的行为文化。这种餐饮企业文化的外化就是海底捞成为全国餐饮行业的典范。

2. 从外打造，强化战略

对于餐饮企业而言，企业文化不仅影响员工，从目前来看，企业对外输出的文化特色也已经成为影响消费者的重要因素。所以，我们在利用企业文化团结员工的同时，也要从对外输出的角度，利用企业文化强化自己的发展战略。

从外部打造企业文化指的是把企业内部的文化融入品牌，继而通过品牌把餐饮文化传递给消费者，最终得到消费者的认可、喜爱和信任。如西贝的“喜悦”、喜茶的“Inspiration”，都是通过提高消费者对企业文化的认可度来提高其产品的影响力。

在所有餐饮企业存在的理由中，为顾客服务应该是最重要的一条，顾客才是餐饮企业经营和发展的中心。餐饮企业要想成功吸引顾客的眼球，提升品牌的影响力，加深品牌在顾客心中的印象，形成记忆点，就要提炼品牌宣传点，成功从同质化产品中脱颖而出。如何做到这一点呢？就是要把餐饮文化融入品牌，让消费者形成品牌认知。

从当下市场的形势和变化趋势来讲，因为市场变幻莫测使得顾客的需求越来越不确定，我们不能把进店消费的顾客视为仅有饱腹需求的饥饿人群，不能仅靠一成不变的菜品和环境来吸引顾客进店，而应该从情感上获得消费者的认同，让他们从内心接受企业文化和店铺产品，这样才能占领消费者心智。而消费者对企业的高度认同和接受能够提升企业内部的组织效率，提供组织运作的动力。

因此，要做好外部的企业文化建设，餐饮企业应该在宣传时把企业文化融入品牌，不时加深消费者对品牌和企业的了解，从而激起消费者对产品的喜爱。

组织架构的优化升级

如果我们把餐厅比作一个木桶，那么木桶能够承接的水量，其实就是餐厅可以获得的收益。实际上，餐厅的理论收益与实际收益总会存在一定差距，而造成这个差距的主要原因，就是构成木桶的每一块木板，也就是餐饮企业的各个部门。

如果部门之间的联系不够紧密，组织内部的运行效率就会下降，木板之间就会存在缝隙，水自然会泄漏。在餐饮企业当中，组织效率低下的常见表现形式有三种。

第一，部分岗位职责存在交叉与不清晰的情况，比如排班经理与值班经理之间就经常出现工作内容的重叠和交叉。再比如，很多中小型餐饮企业，通常不会设置专门的外卖打包岗位，这部分工作主要由兼职或者空闲的员工承担，但这种职责不明确的状况，很容易导致打包时错装漏装，从而导致顾客满意度大大降低。

第二，很多管理流程冗长、复杂、不合理，有很多不增值的环节和不必要的签字。同时，部分工作程序复杂，解决问题的流程冗长，且效率低下。比如，员工在请假的时候，需要向自己的团队主管申请，然后向经理报备，最后还要请排班经理签字。

第三，组织层级过多，职位过多，经常出现“一个人拧螺丝，三个人打手电筒”的情况。

其实出现这些问题的餐饮企业不在少数，这些问题会严重影响餐饮企业的正常运作和员工的工作心态。长此以往，还可能影响企业效益与竞争力，不利于企业长期保持管理的高水平。所以我们要及时解决这些问题，实现组织效率的提升。

在具体工作中，我们可以按照具体问题具体分析的准则，对常见的问题进行有针对性的解决。

第一，针对部分职责存在交叉的问题，我们可以通过对店铺自身实际需求的审视确定门店必需的岗位，然后优化部门职责和职位职责，让员工明确自己的职能范围和工作内容，实现各司其职的理想状态，从而减少责任的推诿和部门间的矛盾，提高协作效率。比如，对于外卖打包岗位来说，企业应该从自己的堂食外卖占比、外卖单量、外卖利润等维度，综合考虑是否有设定专职岗位的必要。

第二，针对冗长的管理流程和解决问题流程，我们应该及时进行流程优化与设计。在审批工作中，我们可以精简审批环节，将原来的逐级审批改为分管领导审批。同时我们也可以给予员工越级沟通的能力，在一些突发问题出现的时候，员工可以直接与领导或者老板进行即时沟通，直接解决问题。当然，我们也可以借助即时通信软件的帮助，比如钉钉、企业微信等，通过在线管理和沟通的方式，简化流程环节，提高流程运转速度。

第三，针对组织层级过多、职位过多的问题，我们可以定编定岗，精简过多的人员，降低人力成本，也能减少工作环节，避免因为中间流程太过复杂导致组织效率低下。在这里，我们就需要用到人力成本控制章节提到的知识与方法，企业可以通过数据计算的方式，明确自己店铺需要的员工数量，然后进行精简。

当然，除了组织效率低下以外，如果某个或某几个部门与门店整体的运营水平存在差距，出现明显的短板，木桶承载的水量也无法达到预期水平。比如，在一家餐厅中，如果服务人员水平有限，那么即便菜品的质量足够好、价格足够优惠，顾客对这家店铺的评价也不会太高。在餐饮企业的后厨，如果后厨团队中有一个员工的能力相对欠缺，即使他只是一个传菜或者配菜的小工，也会严重影响整个后厨团队的工作效率。所以短板的问题，我们也要充分重视。

在实际解决问题的过程中，我们首先需要明确餐厅的主要短板是什么，然后才能有针对性地提出解决方案。我们应该怎样确定自身的短板呢？方法其实很简单，我们只需要向能够切身感受经营问题的人群——顾客进行咨询就可以了。因为一般情况下，餐饮企业的经营者也好，工作人员也罢，出于对餐厅的热爱，通常很难全面认识自己的劣势。但顾客不一样，作为菜品、服务的直接体验者，环境、氛围的直接观察者以及企业收益的直接提供者，他们对于店铺的一些问题会有非常直观的感受。所以，我们可以向他们咨询对于店铺的看法。咨询的方式可以多种多样，问卷调查、餐厅评价等都可以。通过对顾客的反馈进行统计，出现频率最高的问题自然就是店铺急需弥补的短板。

在找到餐饮企业最致命的弱点之后，我们的主要工作就是根据这个短板的特性判断采用何种方式解决问题，以及确定具体的方法（见图 9–1）。

图 9–1　餐饮企业的短板类型及解决办法

1. 短时间内可提升短板：取长补短

“天之道，损有余而补不足”，老子在《道德经》中阐述的这一道理，其实已经告诉了我们弥补短板的原理，那就是取长补短。简单来说，就是要让餐饮企业当中能力相对突出的员工帮助处于短板位置的员工提升能力，或者直接将能力较强的员工调到存在短板的岗位，通过补足短板的长度，使整个组织处于均衡，从而让餐饮企业的发展不再受短板影响和限制。

> 餐饮企业在经营过程中，经常面对一些因为细节导致出现短板的情况。比如，服务人员上菜的时候端盘子的姿势不正确，手指频繁接触菜品，虽然这只是一个小小的细节，但对于顾客来说却是一种不卫生的表现，会造成消费体验的下降。类似的情况还有很多，比如菜品的图文不符、餐桌的清洁不到位、地板湿滑缺少提醒等，虽然只是细节方面的疏漏，但久而久之就会成为致命的弱点，正所谓“千里之堤，溃于蚁穴”。

再小的失误也有可能成为导致餐厅经营失败的致命短板，对于这种类型的短板，我们只需要对造成问题的细节进行改善，就可以有效提升业绩，在短时间内就可以看到成效。在改善的过程中，我们可以让工作经验比较丰富、能力较强的老员工对细节处理不到位的员工进行培训，直接提升他们的工作能力。这样，就能够有效弥补短板。

2. 短时间内无法提升短板：扬长避短

除了取长补短以外，在短板短时间内无法弥补的时候，我们还可以通过扬长避短的方式，尽量减轻短板对餐厅经营造成的不利影响。如果放到木桶效应的情境下，我们要做的就是找到合理的角度倾斜木桶，使木桶中的水不再从短板所处的位置流出，尽量减少水的流失。也就是说，在餐饮企业的实际运营中，我们可以通过合理协调店铺的所有资源，或者寻找新的发展方向，让短板显得不那么短。

很多餐饮店铺在经营中会采用多种经营方式。比如，一些经营中餐炒菜的店铺会根据季节加入一些时兴的菜品类型，如在夏天加入烧烤类产品，在冬天加入火锅类产品。虽然从表面来看这能增加收入，但这些辅助产品并不是店铺的主要竞争力，也就是说，这些菜品的质量和店铺主营的菜品不在一个级别。这些质量并不突出的当季热销产品会因为消费体验一般而逐渐降低店铺的口碑，并成为店铺经营的短板。

我们之前的一个学员就遭遇了这种问题，虽然经营的品类增加了，但收益并没有提高，口碑反而下滑了。我们的指导老师在了解这个情况之后，告诉他说，如果在短时间内新增产品的品质不能得到有效提升，就应减少或者撤掉它们。对于一家主营炒菜的店铺来说，这些质量较差的辅助产品其实就是明显的短板。如果不能有效提升，只能让它们减少对顾客消费体验的影响，让优质的炒菜产品重回顾客的视野，达到扬长避短的效果。

3. 可自我提升的短板：薪资激励

除了从经营者的角度对餐饮企业存在的短板进行处理以外，我们也可以通过能者多劳、多劳多得的薪资激励制度，激发员工的自主能动性，从而促使他们自我提升。这样做，既肯定了强者的能力，发挥了强者的积极性，也给了弱者一定的危机感，从而推动他们奋勇追赶，努力向前，最终有效解决餐厅的短板问题。

4. 可避免出现的短板：末位淘汰

当然，要想有效解决短板问题，还有一个更加一劳永逸的办法，那就是亡羊补牢，避免短板的出现。在餐饮企业中，直接导致短板出现的原因通常有三个：员工的工作能力，产品的性价比，餐厅环境的设置。在这些因素出现之前，在日常的经营中大多会显现一些端倪。所以，我们可以实行末位淘汰制，通过阶段性的评估，对一些能力明显欠缺的员工、顾客接受程度较低的菜品以及不符合大众审美的装饰设计予以剔除，从而避免这些隐患发展成为明确的短板。

如何处理短板问题考验着管理者的智慧，不同的人会根据不同的情况采取不同的方法，但目的只有一个，即“多装水”，让企业的竞争力更强，运营效率更高，效益更好。实际上，让木桶无法装满水的原因除了出现短板以外，还有可能是因为每块木板之间的联系不够紧密，水都从缝隙中泄漏了出去。

其实对于餐饮企业来说，之所以会出现短板或者组织效率低下的问题，主要是因为管理者没有意识到管理效率和流程管理的重要性，对于员工大多都是放任自流的政策，所以在具体优化之前，餐厅的管理者首先要改变自己的思维模式。

提升内部的沟通效率

赢利是餐饮企业经营的永恒主题，无论是增加顾客数量，还是提升客单价，抑或控制经营成本，最终都是为了有效提高收益。但在这里我们不得不考虑一个现实问题，那就是理想化的精准战略与低效率的现实执行之间的矛盾。

很多餐饮企业都经历过这样的情况，经营者花费了大量的时间、精力甚至高薪聘请外部机构辅助才制订了优质发展方案，但在执行中却总是遭遇各种各样的坎坷。比如，在自上而下的指导阶段，员工不能准确领会经营者在方案中阐述的方法和操作流程，在具体的经营中只能达到流于表面的程度；在自下而上的反馈阶段，餐厅经营出现问题之后，员工为了逃避责罚和处分，会选择拖延甚至隐瞒的方式，从而让经营者无法在第一时间得到反馈；在具体实施阶段，不同团队之间信息闭塞，也会影响协同工作的效果。这些问题其实都是因为餐饮企业组织内部沟通不畅造成的。

事实上，组织内部的有效沟通，有利于统一团队成员的思想，让大家达成共识，从而形成强大的凝聚力，引导目标一致的行动。同时，内部沟通的有效性可以让信息快速流动起来，使管理者能够及时掌握整体的工作进度和结果，不同部门的员工之间也能互相明确彼此工作的具体情况，从而做出最优的计划与安排，提高工作效率。比如，某餐厅每周都会举行一次例会，把设计、采购、生产以及品质部门会聚到一起，每个部门都会把自己的工作进度进行详细说明，部门之间互相协调，有时候会根据进度改变计划，也会根据计划调整进度，以便工作目标能够更加合理和高效地完成。

除此之外，沟通的过程其实也是经营者与员工之间、员工与员工之间互相了解并交换意见的过程。组织内部的全方位沟通，可以让餐厅的工作人员在工作进度、工作计划、个人情况等角度加强对其他人的了解，形成朋友甚至家人般的亲密关系，从而有效地强化人际关系，带动工作情绪，提高协作的默契程度。同时，在互相了解的基础上，餐饮企业也可以建立一种更加舒适、愉快的工作氛围，实现提升工作效率的目的。

现在，已经有很多餐饮企业经营者看到了组织内部有效沟通的重要性，但问题的关键在于，其中大多数经营者还没有找到有效提高组织内部沟通效率的办法。之所以会出现这种情况，主要是因为沟通方面的问题相对主观，导致问题出现的原因也多种多样，所以无论是借鉴别人的经验，还是根据专业的理论分析具体的方法，对于大多数餐饮企业的非专业经营人员来说，操作的难度都比较大。

作为从事餐饮培训和咨询工作多年的从业人员，笔者认为，要想解决餐饮企业组织内部沟通效率低下的问题，最重要的在于消除组织内部常见的几种沟通障碍，然后再因地制宜、就事论事，根据实际问题选择提升方法（见图 9–2）。

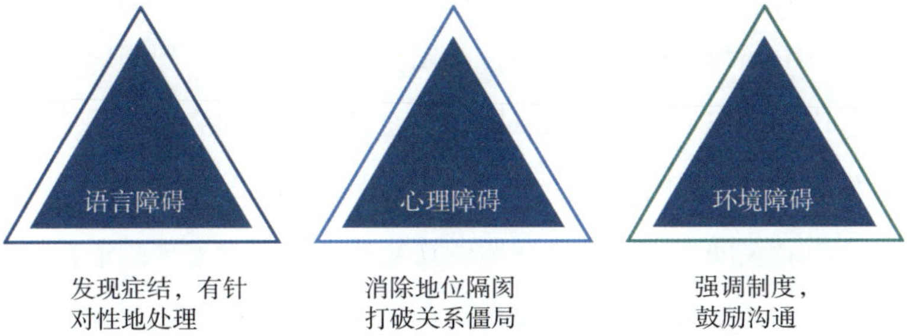

图 9–2　清除沟通障碍的方法

1. 消除语言障碍

很多餐饮企业的沟通效率十分低下，并不是因为餐厅的工作人员不愿意进行沟通，也不是缺乏沟通机会，而是在沟通过程中，总是会因为双方或者某一方的语言表述问题而造成理解偏差，最终导致沟通无效。这种现象在中小型餐饮企业尤为常见。

在节假日期间，很多餐饮企业都会出现客人排队等位的现象。这时，大堂经理会持续与服务人员进行沟通，询问是否有空位以及空桌是否清理完毕，以便尽快安排客人入座。一般情况下，餐厅的桌位会分为大桌和小桌，然后分别进行编号。等位的客人中，每一组的人数都是不固定的。在这个匹配过程中，餐厅的工作人员之间就很容易出现失误。

譬如，排在第一顺位的一组客人一共有8人，大堂经理经过询问得知3号桌已经空了出来，然后就带人前往，但到了之后才发现空出来的是最多只能容纳6个人的3号小桌而不是3号大桌。这种沟通的失误不仅会导致工作效率降低，甚至会引起顾客不满，对于餐厅的经营自然有害无益。

要想消除沟通的语言障碍，首先，我们要确定出现问题的主要环节。比如，在上文提到的餐厅中，面对这种沟通失误，我们先要搞清楚是大堂经理的提问存在问题，还是服务人员的回答模糊不清。如果是前者提问失误，那么问题的症结就在于大堂经理的语言表述能力有限；如果是后者回答模棱两可，那么问题的关键就转移到了服务人员较差的理解能力上。

其次，根据沟通失误的主要原因提出有针对性的解决办法。对于表达能力问题，我们可以对员工进行系统培训，让他们明确在沟通的过程中，信息的传达要清楚、具体、实际，更要包含一些必要的细节，最后还要确认对方是否准确地理解了自己的意思。对于理解能力问题，我们可以将餐饮企业内部员工之间各个必要的沟通环节流程化，并制定标准的询问与回应话术。

比如，在客人等位的时候，大堂经理可以根据客人的人数，询问服务人员："大桌或小桌有没有空的？"这样一来，服务人员就能轻松了解询问的重点。在回答的时候，服务人员只需要回答"有，××号"或者"没有"，就能迅速结束这次有效沟通，从而避免理解偏差，同时提升沟通效率。

2. 消除心理障碍

沟通的心理障碍通常是由于员工的性格问题导致的，有些人天生内向，不善与人交流，在人际关系的建立和维持上表现得比较慢热，这类员工在餐饮企业当中并不少见。他们在独立工作中往往能够展现良好的个人专业素养和工作能力，但在需要协作的工作中，总是会因为缺乏有效沟通，导致无法彻底融入团队，不仅发挥不出自己的全部实力，还会影响团队工作的进度。作为餐饮企业的经营者，我们应该怎样消除沟通的心理障碍呢？

在餐饮企业中，导致沟通心理障碍出现的原因一般有两个，一是员工与管理者之间的地位差异。餐饮企业虽然一般规模较小，但组织结构却大多完整，管理者掌握着员工的薪酬获取，同时也能左右员工的去留，所以员工会不自觉地将管理者摆在"高人一等"的位置上。在这种情况下，员工自然很少会主动与管理者进行沟通，即使是在管理者主动找到他们沟通时，他们在大多数情况也是报喜不报忧，这是趋利避害的本能反应。

二是新员工与老员工之间相对陌生的人际关系。人在刚刚进入一个陌生环境的时候，都要经历一个逐渐熟悉的过程。对于外向型性格的人来说，这个时间一般很短，因为他们会主动找人沟通。但是内向的人所需要的时间可能就会很长：一来他们很少会主动与别人交流；二来对老员工来说，每天需要完成很多工作，所以他们与新人沟通的欲望和机会都不会很充足。如果没有人打破僵局，这种陌生关系会维持很久，而低效率的沟通自然会随之持续。

想要解决员工沟通的心理障碍问题，我们应该从以下两方面入手。

（1）消除员工与管理者沟通的隔阂。作为餐厅的经营者或管理者，我们要让员工认识到自己与他们的地位是平等的。在日常工作中，我们要展现出一种平易近人的态度，经常与员工交流，不一定要谈论工作内容，聊一些家长里短更容易拉近与员工的距离。更重要的是，要学会倾听。一般来说，越是内向的人，隐藏的情绪和心事越多，一个优秀的倾听者可以更快地让他们敞开心扉。在倾听的过程中，要做到少讲多听，保持高度的耐心，不打断对方讲话，不争论，不批评，在适当的时候可以提出问题，引导沟通继续进行。

（2）利用良好的工作氛围，破除新老员工之间的陌生感。无论是日常管理，还是企业文化建设，我们都要重视员工的情绪与心态。从微观来讲，喜悦心态可以提高员工的工作积极性。从宏观来讲，员工心情愉悦可以创造一个良好的工作氛围。在相对开放、宽松的环境中，新人也能尽快消除紧张感，融入集体。

3. 消除环境障碍

在现实中，很多餐饮企业在日常管理中会用严格的规章制度限制员工的行为，从而实现提高工作效率的目的。诸如，工作时间不允许使用私人手机、工作区域内不允许交谈等纪律很常见。

从本质上讲，这种工作纪律对于提高员工的工作效率有很大作用。但是，同时我们也不能忽视一个问题，那就是如果制度过于严苛，有可能会让员工的沟通欲望处于压抑状态。对于现在的职场主力军——90后来说，他们大多追求自由和个性，如果没有有效的沟通给他们提供宣泄渠道，压力堆积之后，这些员工的流失率就会不断提高。

所以我们在制定规章制度的同时，也要强调有效沟通。在日常工作中，我们要鼓励员工们就工作内容相关的话题进行讨论，因为这种讨论有助于开阔思路，帮助大家找到新的工作方法或者发展道路。在必要的时候，我们还可以阶段性地组织员工会议，让员工就工作中出现的问题进行积极的分享和讨论。在互帮互助的过程中，不仅可以提高员工的工作能力，还可以打造良好的人际关系，创造活力十足的工作氛围。同时，我们也要鼓励员工主动与上级领导或老板沟通，无论是私人问题，还是工作问题。在沟通的过程中，管理者绝对不要吝惜称赞和鼓励，这样才能充分点燃他们的情绪，提高工作积极性。

在实际经营中，我们遇到的可能不止这三种问题。所以，作为经营者，我们要充分发挥自己的主观能动性，积极地与员工进行沟通，找到问题的根源。因为沟通是解决问题的最好方式，没有什么问题是通过沟通解决不了的。

设置考核制度，激活组织

对于现在中国的企业来说，KPI（关键绩效指标）是常用的绩效考核模式，餐饮企业也不例外，无论是海底捞的计件工资制，还是超级物种的合伙人制，其本质都是以 KPI 为核心的绩效工资制。

所谓 KPI，是指把绩效的评估简化为对几个关键指标的考核，将关键指标作为评估标准，把员工的绩效和关键指标进行比较的评估方法。那么，如何在餐饮企业中运用 KPI 绩效考核模式呢？举例说明，我们可以将门店店长的 KPI 考核分为效益类、运营类、组织类三个维度进行评价。第一，效益类 KPI 的权重一般在 50% 左右，是体现公司价值以及创造成果的最直接绩效指标，比如门店流水额和息税前利润率等。第二，运营类 KPI 权重占 30% 左右，主要用于评估为实现公司价值增长而进行的重要运营操作以及控制活动的效果，比如行政管理费用、大客户投诉次数等。第三，组织类 KPI 的权重大致占 20%，用来评估员工管理、激励与职业发展等保持公司长期稳定发展的能力，比如员工人数控制、员工满意度等。

虽然从表面来看，绩效考核制度的实施非常简单，餐厅只需要制定某个标准就可以了，但实际上它是一个非常复杂的机制，从目标设定，到流程管控，再到最终考核结果，每一个环节都需要系统地进行设置。

1. 目标设定

首先，我们要根据员工的主要工作内容，确定他们的关键绩效：对于服务人员，我们应该主要考核服务的人数或者桌数，以及顾客对菜品和酒水饮料的消费数量；对于厨师来说，餐厅主要考察的应该是烹饪菜品的数量，以及顾客对菜品的评价。

其次，在确定了员工的主要考核项目之后，门店还需要明确考核目标。一般情况下，餐饮企业的绩效考核目标基本会以月为单位由各部门自主决定，而餐厅各部门的月度目标通常是年度或者季度目标的分解。在实际工作中，部门主管的月度绩效目标需要直接上级或者副总裁签字批准，而员工的月度目标也需要经过直接主管签字确认，确认工作完成之后，人力资源部门会制定绩效评估表进行备案。

2. 流程管控

绩效评估目标确认之后，餐厅还需要对评估过程进行管控。在日常工作中，上级应该就下级员工工作的执行情况与问题，给予必要的沟通指导，帮助下级完成目标或者克服困难。同时，管理者每月也应该设置特定的时间，与下级讨论月度计划的完成情况，沟通的过程需要记录在绩效评估表内（见表 9–1），并给予员工改进与指导建议。

表 9–1　目标设定与绩效评估表模板

<table>
<tr><th colspan="7">2019 年　月目标设定和绩效评估表一</th></tr>
<tr><td colspan="2">姓名：</td><td colspan="2">职位：</td><td colspan="3">设定日期：</td></tr>
<tr><td colspan="2">部门：</td><td colspan="2">直属上级：</td><td colspan="3">评估人：</td></tr>
<tr><td colspan="7">分值说明："1 分"，工作成果远远没有达到工作目标的要求（60 分以下）；"2 分"，工作成果不能达到公司的业务期望值 60%~80%；"3 分"，工作成果能够达到公司的业务期望值 80%~100%；"4 分"，工作成果一贯达到或偶尔超过公司的业务期望值 10%；"5 分"，工作成果高于公司的业务期望值 100%</td></tr>
<tr><td colspan="7">第一部分 A：业绩目标（总权重 90%）</td></tr>
<tr><td>序号</td><td>月度目标</td><td>权重 %</td><td>评分
（1~5 分）</td><td>成果描述</td><td>自评得分</td><td>评估人
得分</td></tr>
<tr><td>1</td><td></td><td></td><td></td><td></td><td></td><td></td></tr>
<tr><td>2</td><td></td><td></td><td></td><td></td><td></td><td></td></tr>
<tr><td>3</td><td></td><td></td><td></td><td></td><td></td><td></td></tr>
<tr><td>4</td><td></td><td></td><td></td><td></td><td></td><td></td></tr>
<tr><td>5</td><td></td><td></td><td></td><td></td><td></td><td></td></tr>
</table>

3. 绩效评估结果

绩效评估的最后一个环节，企业要根据员工的业绩与既定绩效目标之间的对比，确定员工的工作完成情况，为员工发放相应的薪酬。

对于餐厅来说，绩效评估的作用不只是作为工资发放的标准，更多的经营者希望通过对员工工作成果的观察，发现组织效率提升的突破点。想要达到这个目的，在绩效评估的最后环节，我们需要对员工的工作成果进行评分，这样我们就能直观清楚地发现拖后腿的部门乃至个人。

一般情况下，餐饮企业员工的绩效评分都是使用 5 分制来进行分级的（见表 9–2）：员工的工作结果超过了公司的期望值，可以得到 5 分；员工的工作成果一贯达到或者偶尔超过公司预计的目标，可以得到 4 分；员工的工作成果达到公司期望值的 80%~100%，可以得到 3 分；员工的工作成果达到公司期望值的 60%~80%，可以得到 2 分；员工的工作成果远没有达到公司的期望值，可以得到 1 分。

表 9–2　绩效评分分级示意

评估级别	杰出	优秀	合格	需改进	不满意
总评估结果	（4.5~5）	（3.5~4.49）	（2.7~3.49）	（1.8~2.69）	（0~1.79）

当然，在绩效考核制度的实施过程中，很多餐饮企业的经营者都在纠结一个问题，那就是在绩效考核制度下，基本工资还应不应该存在。在笔者看来，基本工资还是应该保留的，因为餐饮行业总是充满各种各样的变数，即使是行业顶尖的品牌，也不能保证自己能够长盛不衰。对于中小型餐饮企业来说更是如此，顾客数量会因

为各种各样的原因而出现浮动。如果采用单纯的绩效工资制度，那么在淡季的时候，员工的收入自然会受到影响。这样的话，餐饮企业的淡季，也会成为员工离职的旺季，对于餐饮企业的人力成本控制非常不利。

其实，对于现在的企业来说，以 KPI 为核心的绩效考核制度已经不再是唯一的选择。在目前的市场上，又出现了一种新的目标管理方法——OKR。

OKR（Objectives and Key Results，目标与关键结果）管理方法是英特尔公司首创的，其目的是帮助组织成员将精力聚焦到重要目标上，从而激活组织动力，提升整体的工作效率，后被引入谷歌、推特、领英、脸书等全球知名的互联网企业。从目前来看，它大有取代以往以绩效考核为主的管理方法的趋势。

但在国内，企业的发展水平与国外优秀企业之间还存在一定的差距，所以这种先进的目标管理方法还没能普及开来，但像华为、知乎这些行业顶尖企业已经开始在一些重要的经营环节使用 OKR 管理方法。

虽然从表面来看，都是一些大规模、高水平的互联网企业在使用 OKR 管理方法，但企业背后对于效率提升的追求是基本一致的。即便是规模较小、发展阶段较低的中小型餐饮企业，也有使用更加先进管理方法的需求。所以，我们有必要对 OKR 管理方法进行深入了解，并把这种先进的管理方式运用到餐饮企业的管理当中。

要想深入了解 OKR 管理方法，我们首先就需要对它的运作模式有一定的认知。所谓目标与关键结果管理方法，顾名思义，包含两个主要环节，一是目标的制定，二是目标向关键结果的分解。在实际应用中，在开始阶段，企业需要制定一个整体的发展目标。

整体目标的制定，餐饮企业要充分考虑经营者和员工两方面的意见，因为前者对市场形势有更深刻的认知，而后者对实际工作有更多的经验，结合双方对企业未来发展的理解，可以更准确地制定让大家都满意的整体目标。所以在制定目标的时候，我们可以通过会议的形式，将餐厅的所有员工聚集到一起，经营者可以按照自己的想法先提出一个大致的目标，然后让员工按照不同的工作岗位分别发表意见和建议，最终通过讨论得到一个共同认可的目标。

在制定了整体目标之后，我们需要对这个整体目标进行分解，分成多个想要完成目标必须实现的关键结果。在分解的过程中，我们通常按照不同的工作内容进行划分（见图 9–3）。从这个示意图中不难看出，整体的目标可以根据不同团队的职能差异，分成多个针对不同部门的关键结果，当各个部门都能顺利实现自己的关键结果的时候，整体目标自然也可以水到渠成。除了目标的制定和向关键结果的分解，在实现目标的过程中，我们还要定期对目标和关键结果的完成程度进行评估。在既定目标周期结束之后，我们也要对最终的结果进行复盘。这样做的目的是在 OKR 管理方法的具体实施中，不断发现出现的问题，总结成功的经验，从而提高 OKR 管理方法的应用水平，用更加合理的目标和关键结果指导员工的工作。

说到这里，很多人可能会有疑问，传统的绩效考核式管理通常会按照不同岗位制定固定的考核标准，然后驱使员工努力完成目标，通过阶段性的考核确定员工工作结果的奖惩，这与 OKR 管理方法有很多相似之处，为什么说后者比前者更先进呢？

其实，这两种管理方法看似有很多共同之处，但实际上却截然不同。绩效考核式管理方法能够成功调动员工积极性的关键在于，企业能够制定合理的考核标准，然后通过物质和心理奖励形成动力。

OKR 管理方法则直达根源，让员工参与决策，使得他们将企业的发展视为自己的事业，从而更加深刻地激发员工的活力。从这个角度来说，OKR 管理方法比传统的绩效考核更适合餐饮企业。

图 9–3　OKR 管理方法目标向关键结果分解示意

除此之外，OKR 管理方法在效率提升方面的能力也是传统绩效考核无法比拟的。对于餐饮企业来说，制定合理准确的目标并不是难事，无非就是获取更高的收益。但在具体经营中，却经常因为目标不够清晰、执行不够坚决等问题影响工作效率，而 OKR 管理方法是解决这一问题最好的工具。

首先，OKR 管理方法能够使餐饮企业内部聚焦目标，保持目标一致。通过沟通和讨论，识别制约业务发展的瓶颈问题，或者找到最值得投入的驱动要素，在一个明确的周期内确定要达成的结果，然后据此安排重要的项目和任务。这个过程是餐饮企业发展战略清晰和聚焦的保证。

其次，OKR 管理方法可以加强跨餐厅内各个部门和层级的沟通。在整体层面的目标制定和关键结果分解，以及后续的执行，必然牵涉多个部门的沟通努力，例如，提高餐饮的服务质量，需要食材制作、设备管理和卫生管理全流程的成员共同努力。OKR 管理方法摒弃了针对岗位的独立绩效考核，而是选择将所有部门和员工作为一个整体考核并调动，这样能够充分释放团队与团队之间、员工与员工之间协作的潜力。

再次，OKR 管理方法对于培育团队成员的目标和结果意识也有突出的作用。对于身处目标实现流程以内的员工来说，可以亲身参与目标的制定与关键结果的分解，并且在工作的过程中，也能切实体会这种方式对于具体工作的指导意义。随着经验的积累，他们自然会主动在个人的工作中也采取这样的方式进行自我管理。即使是和 OKR 无关的员工，在其他员工的带动下，也会通过观察 OKR 制定的逻辑，培养类似的策略性思考能力。

最后，OKR 管理方法在瞬息万变的餐饮市场中，能够更有效地保证决策的准确性。在 OKR 管理方法实施的过程中，我们会阶段性地对目标和关键结果实现的程度进行考核与复盘，总结经验和教训，不断提高目标制定和关键结果分解的能力，从而逐渐降低决策的失误率。

在充分了解了 OKR 管理方法的运作模式和独特优势之后，我们还要学会在餐饮企业的实际经营中运用这一方法的技巧，简单来说，就是学会制定合理的整体目标，以及进行有效的关键结果分解。

1. 整体目标制定原则

（1）挑战性。一般情况下，在合理范围内，目标实现的难度与员工工作的积极性是成正比的，所以一个有挑战性的目标，能够有效地调动员工的主观能动性。但要想实现这一效果，必须具备一个前提，那就是目标实现的难度应控制在合理的范围内。之所以这样说，是因为目标难度过低，员工不用努力就可以完成任务；而目标难度过高，员工即使拼命工作也无法实现。当这两种情况出现的时候，员工的工作热情都会大幅下降。

一个在合理范围内，同时还有挑战性的目标应该怎样设置呢？通常来讲，我们可以以上一个单位时间内餐厅经营的数据作为参考，综合餐厅业绩提升的趋势，计算出在目标时间内，我们可以完成的业绩是多少。这个数字代表轻易可以完成级别的目标，而一个有挑战性的目标应该是它的两倍左右。

（2）可衡量性。目标不能笼统、含糊，必须是具体的、可衡量的，具体到时间段、数量、金额等，最好可以量化。比如，不能笼统地说，让餐厅今年的营收比去年高，而是要提出诸如“餐厅营收比去年上升 30%”或者“餐厅客流量增加 15%”之类的具体目标：一方面是为了确保分解的关键结果能够具体地指导工作，另一方面是为了在日后的考核和复盘中，能够更加直观地展示目标实现的情况。

（3）时效性。目标要具有时效性，从战略开始就要确定年度目标和季度目标。把年度目标作为总目标，并把总目标分解在每个季度里，形成季度目标。季度目标可以调整，但年度目标的调整十分严格，不能随意。

2. 关键结果分解原则

（1）从整体到部门，从部门到个人。目标向关键结果的分解是一个自上而下的过程，如果说目标是企业的整体发展指南，那么关键结果就是各部门、各员工实现目标需要完成的任务手册。前者强调的是方向，而后者则更加具体。在分解的时候，我们可以先把每个部门需要完成的任务通过讨论的方式确定下来，然后再通过部门内部的会议，按照员工不同的分工和能力水平，将任务分发到个人。

比如，在餐饮企业当中，我们可以简单地将餐厅中的工作人员按照工作类型分成后厨团队和服务团队，然后将实现总体目标需要生产环节和服务环节分别达到的标准作为关键结果分发给两个团队。最后经过团队内部的会议讨论，再次将关键结果细化，落实到每一个岗位和每一个员工。这个时候要考虑员工的能力问题，在相同的岗位上，能力较强的员工可以多分担一些任务。

（2）关键结果量化。在餐饮企业经营的过程中，出于人力成本控制的考量，我们需要对员工进行阶段性考核，并根据成绩决定去留。但在 OKR 管理方法中，并没有明确的绩效考核项目，所以我们只能把分解到个人的关键结果，也就是员工需要完成的任务作为他的考核标准。在这种情况下，关键结果的量化可以确保考核的准确程度。同时关键结果作为目标的一部分，在阶段性考核和复盘的时候，也是考察的主要对象，同样需要量化保证复盘的有效性。

优秀的 OKR 管理方法，除了有前期合理的目标设定和有效的关键结果分解以外，更重要的是能够落实并执行。如何才能更好地运行 OKR 呢？需要注意什么呢？需要注意以下 6 个事项。

1. 流程化管理

目标制定、对齐、分解、执行、评估，这 5 个环节共同构成了 OKR 管理的全流程。制定并明确目标，让每个参与者清楚我们要达到什么样的最终结果；目标明确后还要进行对齐，对齐就是保证目标整体一致，以防止团队或成员跑偏；要实现这一目标就需要完成不同的“关键结果”，每项关键结果会派生出一系列任务，把这些任务交给不同的团队或成员负责；所有的任务都明确后，进入执行阶段，可能遇到很多不同问题，可能导致偏离目标，所以需要对执行后的结果进行评估，根据评估进行及时修正，从而更准确、高效地达成目标。在 OKR 管理方法的执行中，这 5 个环节缺一不可。

2. 管理与互动并行

在餐饮企业管理的过程中，与员工进行一定的互动是必要的。绩效辅导、方向纠偏、评论交流、点赞等都是与员工交流的有效方式。充分的互动，可以从员工处获得有效的建议和帮助，并能得到及时的工作配合。在方向出现偏差时，餐饮企业的管理者也可以及时发现并纠正。有效的管理互动，有助于提高目标的达成进度和完成质量。

3. 建立有效的激励体系

虽然有挑战性的目标可以调动员工的主观积极性，但在实际工作过程中，这种动力会随着时间的推移而消减。同时，对于不同能力水平的员工而言，同样的目标，实现难度却是相差很大。在这种情况下，难免会有部分员工因为目标难度过低或过高而出现懈怠的情况。所以除了固定的目标激励以外，我们还要为员工提供额外的激励。在餐饮企业中，主要强调通过荣誉、成就等内部激励，肯定员工的能力与付出，让先进拉动后进，有利于激发团队成员的积极性，以更饱满的精神迎接新的挑战。

4. 建立完整的问责体系

在企业经营的过程中，无论我们制定的目标多么合理，关键结果分解多么透彻，都难免会因为一些特殊情况的存在而造成目标无法达成的结局。但整体的失败，并不意味着每一个部门、每一位员工都是失败的。比如，在餐厅当中，后厨已经完美达成自己的关键结果，但由于服务人员的细节处理不到位，导致顾客差评，对目标的实现造成了不良影响。在这种情况下，我们不能以整体目标失败为标准，而对后厨和服务人员进行统一的惩罚处理，这会打击完成了任务的后厨人员的工作积极性。最正确的方法应该是根据不同部门对关键结果的完成情况进行赏罚的判别，同时对造成目标实现失败的部门或者个人进行问责。建立完整的痕迹溯源问责体系，有利于我们对问题追根溯源，进而对结果分析与目标修正提供必要的依据。有时，这甚至可以对公司的战略目标制定与修正提供重要的参考价值。

5. 掌握“承担责任—庆祝成果”的节奏

每周一，团队可以开会，以确认本周需要完成哪些任务，可以列出三四件最重要的事情优先解决。同时要确认未来 4 周内，有哪些事情需要其他团队的成员做好准备或支持。另外，以目前的进度，确认是否可以实现自己最初设定的信心指数，并与团队进行探讨。还可以挑出两个对我们实现目标产生影响的因素，让团队额外关注，以便当问题出现时可以马上讨论并找出应对方案，确保OKR不受影响。到周五可以召开“胜利会议”，展示一下每个团队的工作成果。作为餐饮企业而言，也可以体现自己的特点，适当准备一些酒水、点心等进行庆祝。鼓励大家，以激昂的斗志迎接新一周的挑战。

6. 建立实时预警体系

对团队成员得分与进度进行预警，促进优化与提升。餐厅可以每周召开例会，每一位员工都要就自己一周的工作情况进行述职，然后团队领导和餐厅的经营者需要对工作进度和关键结果完成程度进行评估，鼓励工作成果显著的员工，并发现完成程度较低的员工当前存在的主要问题，然后对接下来的工作进行优化与提升。

餐饮企业使用OKR管理方法不仅可以更好地让团队成员聚焦目标，还可以有效激发团队成员的工作积极性，从而大大提高企业的运营效率，为企业适应未来的迅速发展奠定良好的基础。

从当前的国内市场来看，OKR管理方法还属于相对新生的事物，尤其是对于餐饮企业来说，还缺乏实际应用的具体案例，所以我们只能从这个方法的本质分析使用技巧和注意事项。在实际应用中，肯定还会出现各种各样的细节问题，比如多个目标的优先级如何设置、经营过程中发现目标制定失误应该如何处理等。对于这些问题，企业需要结合自己的实际情况，制订解决方案。

致 谢

经过一年的准备，经过几轮构思和大幅修改，《从零开始做餐饮·经营篇》终于完成了。在写作过程中，我的脑海中浮现很多餐饮人的创业经历。有些人，成功开了第一家店，慢慢发展，并且开始规划新店。有些人，从进入这个行业到退出也不过一年时间，其中的辛酸和劳苦，只有他们自己知道。

餐饮是一个竞争极为激烈的行业。餐饮规模持续增长，门店数量不断增加，所以行业外的人会把餐饮行业看作蓝海，但深陷其中的餐饮人非常清楚，今天的竞争十分惨烈，战场已经一片血红。其实，餐饮人也很团结，在我写这本书的过程中，很多餐饮人毫无保留地分享了自己的成功经验和对失败的思考。我要感谢王景雷老师、王合理老师、岳远老师、边江老师、李晓珺老师、刘晴老师、船井咨询对本书内容提出的优化建议，也要感谢勺子课堂研究院的彭成龙、黄妍、张艳丽、马明月、郝博文、曾姝骞、张璇，他们为这本书付出了巨大努力。更要感谢每一位读者，是你们用自己的故事铸就了这个行业的蓬勃发展，是你们的期待成为我们输出餐饮经营优质内容最直接的动力。

我们深知，用一本静止的文字讲述今天高速发展、快速变革的餐饮行业是不可能的，但是我们对餐饮行业的观察、探索和思考，永远不会停止。我们希望用自己的绵薄之力帮助更多正在摸索的餐饮人。